Neue

Kleine Bibliothek 294

Christoph Butterwegge

Ungleichheit in der Klassengesellschaft

PapyRossa Verlag

Für Miko Fabian

2., aktualisierte Auflage 2021

Luxemburger Str. 202, 50937 Köln
Tel.: +49 (0) 221 – 44 85 45
Fax: +49 (0) 221 – 44 43 05
E-Mail: mail@papyrossa.de
Internet: www.papyrossa.de

Umschlag: Verlag, unter Verwendung einer
Abbildung © by Sangoiri | Adobe Stock (#83415131)
Druck: CPI – Clausen & Bosse, Leck

Die Deutsche Nationalbibliothek verzeichnet diese Publikation in der Deutschen Nationalbibliografie; detaillierte bibliografische Daten sind im Internet über http://dnb.d-nb.de abrufbar

ISBN 978-3-89438-744-0

Inhalt

Einleitung

Bis das als Sars-CoV-2 bezeichnete Coronavirus im Winter 2019/20 die Bundesrepublik Deutschland erreichte, war der verharmlosend »Klimawandel« genannte Prozess einer sich rapide beschleunigenden Erderwärmung in aller Munde, und zwar völlig zu Recht. Denn zahlreiche Indizien deuten darauf hin, dass die vermehrte Emission von Treibhausgasen die Existenz der Menschheit in nicht allzu ferner Zeit gefährdet. Die drohende Klimakatastrophe darf allerdings genauso wenig wie die Covid-19-Pandemie von der wachsenden Ungleichheit ablenken. Diese zu verringern und zu überwinden bleibt die politische Hauptaufgabe verantwortungsbewusster Menschen. Nur auf den ersten Blick überzeugt nämlich der Einwand, dass es vordringlicher sei, die für das Leben auf unserem Planeten zentralen ökologischen und viralen Probleme zu lösen, als eine Transformation des Wirtschafts- und Gesellschaftssystems in Angriff zu nehmen. Schaut man genauer hin, wird deutlich, dass kaum etwas der Gesundheit mehr schadet und nichts ökologische Nachhaltigkeit mehr verhindert als die sozioökonomische Ungleichheit.

Wir leben in einer Welt der Ungleichheit, aber trotz medialer Beschwichtigungsversuche auch in einer Gesellschaft der Ungleichheit. Glaubt man der internationalen Hilfs- und Entwicklungsorganisation Oxfam, besitzen 162 Multimilliardäre so viel wie die ärmere Hälfte der Weltbevölkerung. Daraus erwachsen ökologische, ökonomische und Finanzkrisen sowie Kriege und Bürgerkriege, die wiederum größere Migrationsbewegungen nach sich ziehen. Hierzulande besitzen nach Angaben des Deutschen Instituts für Wirtschaftsforschung (DIW) 45 sehr reiche (Unternehmer-)Familien so viel wie die ärmere Hälfte der Bevölkerung, d.h. über 40 Millionen Menschen. Zwar sind die Einkommen deutlich weniger ungleich verteilt als die Vermögen, driften aber ebenfalls auseinander.

Im vorliegenden Buch werden zunächst Schlüsselbegriffe wie »Ungleichheit«, »Armut« und »Reichtum« geklärt, deren Reproduktionsmechanismen und Legitimationsgrundlagen diskutiert sowie mit Blick auf das Streben nach menschlichem Glück und ökologischer Nachhaltigkeit die Vorzüge der Gleichheit erörtert. Das zweite Kapitel stellt wichtige Theorien der Ungleichheit und bekannte Theoretiker vor, die Klassen (und Schichten) als Verkörperung der sozioökonomischen Interessengegensätze begreifen. Im dritten Kapitel geht es um die Manifestation der Ungleichheit in der Sozialstruktur – thematisiert werden die Klassenverhältnisse im heutigen Finanzmarktkapitalismus. Das vierte Kapitel dreht sich um die wichtigsten Erscheinungsformen der Ungleichheit, womit nicht bloß die Einkommens- und Vermögensverteilung gemeint ist. Ausführlich berücksichtigt wird vielmehr unter Verweis auf die Coronakrise auch das Thema der Gesundheits-, Bildungs- und Wohnungleichheit.

Aufmerksame Leser/innen, denen es die nach inhaltlichen Kriterien gegliederte Literaturauswahl am Buchende ermöglichen soll, einzelne Aspekte des Themas zu vertiefen, dürften eine ausführliche Erörterung von politischen Forderungen und Gegenstrategien vermissen. Der begrenzte Umfang dieses Buches machte es notwendig, die Entstehungsursachen der Ungleichheit und daraus abzuleitende Lösungsansätze in einem Folgeband zu behandeln. Dieser wird sich mit notwendigen Maßnahmen der Umverteilung von oben nach unten beschäftigen und argumentieren, dass sich Gegenstrategien nicht darauf beschränken dürfen, wenn die Reproduktion der sozioökonomischen Ungleichheit dauerhaft unterbunden werden soll.

1. Begriffliche, theoretische und methodische Grundlagen

Die hierzulande lebenden Menschen sind weder biologisch noch sozial gleich, unterscheiden sich vielmehr nach ihrem Alter, ihrem Geschlecht, ihrem Gewicht, ihrem Körperbau, ihrer Größe sowie ihrer Haut-, Haar- und Augenfarbe – um nur einige physiognomische, phänotypische bzw. somatische Erkennungsmerkmale zu nennen –, aber auch bezüglich ihrer genetischen Dispositionen, Fähigkeiten und Fertigkeiten sowie im Hinblick darauf voneinander, wo sie wohnen (in einer Stadt oder auf dem Land), in welchem Haushaltstyp und in welcher Familienform sie leben, welchen Beruf sie ausüben, ob sie Hobbys haben (und wenn ja, welche/s) sowie ob sie regelmäßig Sport treiben (und wenn ja, welchen). Es handelt sich hierbei um spezifische Ausprägungen der Ungleichheit, die entweder schicksalhaft vorbestimmt, naturbedingt oder selbstgewählt sind.

Man kann zwischen individuellen, institutionellen und strukturellen Erscheinungsformen der Ungleichheit differenzieren. Letztere können nur durch politisch motivierte Umverteilungsvorgänge verringert oder beseitigt werden. Denn jene weit verbreitete Ungleichheit, von der im Folgenden die Rede sein soll, ist systemisch begründet, ökonomisch determiniert und sozial strukturiert.[1]

---

1 Vgl. hierzu ausführlicher: Christoph Butterwegge, Die zerrissene Republik. Wirtschaftliche, soziale und politische Ungleichheit in Deutschland, 2. Aufl. Weinheim/Basel 2020, S. 11 ff.

1.1 Wirtschaftliche, soziale und politische Ungleichheit

Die beiden Ökonomen Heiner Flassbeck und Paul Steinhardt sehen das Hauptproblem der weltweiten Diskussionen und Kontroversen über das Phänomen der Ungleichheit darin, dass jede/r diesen Begriff anders verwende: »Es gibt keine Kohärenz bezüglich der Sachverhalte, die gemeint sind, der Regionen, die man damit abdeckt, und der Zeiträume, über die man redet.«[2] Umso wichtiger ist eine Begriffsklärung, wie sie der Genfer Philosoph, Pädagoge und Literat Jean-Jacques Rousseau schon 1755 versuchte, als er in seinem *Discours sur l'inégalité* zwei Arten der Ungleichheit unterschied: eine, die er »natürliche« bzw. »physische Ungleichheit« nannte, weil sie »im Unterschied der Lebensalter, der Gesundheit, der Kräfte des Körpers und der Eigenschaften des Geistes oder der Seele« bestehe, sowie eine andere, die der geistige Wegbereiter der Französischen Revolution als »moralische« bzw. »politische Ungleichheit« bezeichnete, »weil sie von einer Art Konvention abhängt und durch die Zustimmung der Menschen begründet oder zumindest autorisiert wird. Die letztere besteht in den unterschiedlichen Privilegien, die einige zum Nachteil der anderen genießen – wie reicher, geehrter, mächtiger als sie zu sein oder sich sogar Gehorsam bei ihnen zu verschaffen.«[3]

Ungleichheit ist also mitnichten gleich Ungleichheit, gibt es doch verschiedene Erscheinungsformen, die sich auf mehreren Ebenen und in fast allen Lebensbereichen zeigen. Auch tritt die Ungleichheit in sämtlichen für moderne Gemeinwesen konstitutiven Dimensionen zutage: der ökonomischen, der sozialen, der politischen, der rechtlichen und der kulturellen. Von zentraler Bedeutung sind die zuerst genannten drei: Ökonomisch basiert Ungleichheit auf Produktions- und Verteilungsstrukturen, die einen für die Gesell-

2 Heiner Flassbeck / Paul Steinhardt, Gescheiterte Globalisierung. Ungleichheit, Geld und die Renaissance des Staates, 2. Aufl. Berlin 2018, S. 167

3 Jean-Jacques Rousseau, Diskurs über die Ungleichheit / Discours sur l'inégalité. Kritische Ausgabe des integralen Textes, 7. Aufl. Paderborn 2019, S. 67

schaftsmitglieder unterschiedlichen Zugang zu den materiellen Ressourcen bewirken. Sozial drückt sich Ungleichheit in die (Klassen-) Gesellschaft spaltenden Diskriminierungs-, Stigmatisierungs- und Ausgrenzungspraktiken aus. Politisch bedeutet Ungleichheit, dass ganze Bevölkerungsschichten an demokratischen Willensbildungs- und Entscheidungsprozessen nicht oder zumindest nicht gleichberechtigt partizipieren, wodurch die Demokratie eingeschränkt oder außer Kraft gesetzt wird.

Bei der Ungleichheit, um die es hier geht, handelt es sich um eine anhaltende, wenn nicht sogar dauerhafte Ungleichverteilung materieller Ressourcen (ökonomische Ungleichheit), aber auch von Respekt im Hinblick auf den gesellschaftlichen Status (soziale Ungleichheit) sowie von (Zugangs-)Rechten und Repräsentation (politische Ungleichheit) zwischen großen Personengruppen, Klassen und Schichten, die nicht auf persönlichen (Leistungs-)Unterschieden von deren Mitgliedern beruht, vielmehr den bestehenden Herrschaftsverhältnissen, einem Machtgefälle oder »struktureller Gewalt« (Johan Galtung) im Kapitalismus geschuldet ist. Die davon betroffenen Klassen, Schichten und Gruppierungen bezeichnet man je nach ihrer gesellschaftlichen Position als privilegiert oder diskriminiert. Was üblicherweise »soziale Ungleichheit« genannt wird, müsste eigentlich sozialökonomische bzw. sozioökonomische Ungleichheit heißen. Denn gemeint ist eine Form der Ungleichheit, die im Bereich der Wirtschaft entsteht, auf einer Fehlallokation materieller Ressourcen (Einkommen, Vermögen) beruht und sich entscheidend auf die sozialen Beziehungen der von ihr Betroffenen auswirkt. Wer von dieser Ungleichheit profitiert, genießt nämlich in der Regel hohes Ansehen, und wer ihr Leidtragender ist, wird von anderen Gesellschaftsmitgliedern ausgegrenzt, verachtet oder verächtlich gemacht.

Wirtschaftliche, soziale und politische Ungleichheit hängen eng miteinander zusammen, wenn sie nicht sogar Hand in Hand gehen. Bringen die ökonomischen (Macht-)Strukturen eine Verteilungsschieflage beim Privateigentum (an Produktionsmitteln), Einkommen und/oder Vermögen hervor, die bestimmte Personengruppen hinsichtlich der ihnen zur Verfügung stehenden Ressourcen privilegiert, werden andere auch in sozialer Hinsicht diskriminiert. Die gesellschaftlichen Normen, Strukturen und/oder Institutionen benachteiligen eine oder mehrere Personengruppen in Bezug auf die Stellung oder den Status ohne sachlichen Grund, während sie (eine) andere ohne sachlichen Grund bevorzugen. Von *politischer* Ungleichheit schließlich ist dann die Rede, wenn nicht alle Bürger/innen eines Landes über dieselben Möglichkeiten der Einflussnahme verfügen oder aufgrund fehlender materieller Ressourcen, struktureller Barrieren bzw. mentaler Restriktionen darauf verzichten, sie wahrzunehmen. Ökonomische bzw. soziale Ungleichheit führt auch zu politischer Ungleichheit, und zwar selbst dann, wenn es sich nicht – wie bei den USA, wo großer politischer Einfluss und hohe Staatsämter mittlerweile hauptsächlich Hyperreichen vorbehalten bleiben – um eine Plutokratie oder eine Präsidialdemokratie mit plutokratischen Zügen handelt.

Wenn nicht anders vermerkt, handelt es sich bei jener Ungleichheit, von der hier und im Folgenden die Rede ist, um materielle bzw. sozioökonomische Ungleichheit. Entstanden ist diese Ungleichheit nach der letzten Eiszeit, als sich die Klimabedingungen auf der Welt stabilisierten und für das Leben der Menschen positiver als bis dahin gestalteten: »Das Holozän, die erste interglaziale Wärmeperiode seit mehr als 100.000 Jahren, schuf eine Umwelt, die die wirtschaftliche und soziale Entwicklung begünstigte. Die besseren Bedingungen ermöglichten es den Menschen, mehr Energie zu gewinnen und sich zu vermehren, und schufen zugleich die Grundlage für eine zusehends ungleiche Verteilung von Macht und materiellen Ressourcen.«[4]

Die egalitären Strukturen der Jäger- und Sammlergesellschaften wurden durch Verteilungsmechanismen abgelöst, die auf Überschüssen der Agrargesellschaften beruhten. Mit der Nahrungspro-

4 Walter Scheidel, Nach dem Krieg sind alle gleich. Eine Geschichte der Ungleichheit, Darmstadt 2018, S. 50

duktion durch Ackerbau, Nutztierhaltung und Viehzucht gelang es besser, gezielt Vorratshaltung zu betreiben, was zur Herausbildung von Territorialansprüchen, gesellschaftlichen Hierarchien und materieller Ungleichheit führte. Wenn es irgendwo Überschüsse gab, wuchs die Wahrscheinlichkeit, dass Ungleichheit entstand. Der österreichische Altertumsforscher Walter Scheidel macht drei Faktoren für die Dauerhaftigkeit der Ungleichheit verantwortlich: Eigentumsansprüche auf Land und Nutztiere, die als Vermögenswerte galten; die Fähigkeit, das Vermögen auf andere Personen bzw. von einer Generation auf die nächste zu übertragen; schließlich die gesellschaftliche Akzeptanz und Durchführung solcher Transaktionen. »In Gemeinschaften, in denen der materielle Besitz eine untergeordnete Rolle spielt oder nicht leicht zur Übertragung geeignet ist und in denen das Erbe nicht gefördert wird, ist die Ungleichheit weniger ausgeprägt als in Gemeinschaften, in denen das materielle Vermögen dominiert, gut übertragen werden kann und der nächsten Generation überlassen werden darf.«[5]

Von dem Wirtschafts- und Gesellschaftssystem, das sie hervorbringt, ist diese Elementarform der Ungleichheit nicht zu trennen. Eine »marktwirtschaftlich« organisierte, kapitalistische und seit Jahrzehnten am Neoliberalismus orientierte, d.h. von Ökonomisierungs-, Kommerzialisierungs-, Privatisierungs- und Deregulierungstendenzen gekennzeichnete Gesellschaft wie die unsere basiert auf der Ungleichheit als wesentlichem Strukturelement. »Soziale Ungleichheit kann zwar mehr oder weniger stark ausgeprägt sein, sie bleibt aber Voraussetzung der kapitalistischen Produktionsweise und sie ist zugleich ihr Ergebnis.«[6]

Die sozioökonomische Ungleichheit als Hauptursache von Benachteiligungen in anderen Lebensbereichen wird relativiert, wenn man so tut, als erwüchsen Praktiken der Diskriminierung wegen

---

5 Ebd., S. 57f.

6 Sabine Nuss, Keine Enteignung ist auch keine Lösung. Die große Wiederaneignung und das vergiftete Versprechen des Privateigentums, Berlin 2019, S. 70

des Geschlechts, der sexuellen Orientierung oder der ethnischen Herkunft einer bestimmten Personengruppe nicht letzten Endes aus einer bestimmten Wirtschafts- und Gesellschaftsstruktur. Zwar darf man Phänomene wie Sexismus, Rassismus, Antisemitismus und Antimuslimismus nicht als bloßen »Nebenwiderspruch« des Kapitalismus abtun, weil es sich dabei um eigenständige, für die Betroffenen existenzielle Probleme handelt. Gleichwohl geht es nicht um individuelle Verfehlungen der (Gewalt-)Täter, sondern um Erscheinungen, die strukturell im Kapitalismus, Kolonialismus und Imperialismus angelegt sind. Wie die afroamerikanische Feministin Bell Hooks zeigt, lassen sich jahrhundertealte Diskriminierungspraktiken nicht auf die Verbreitung rassistischer und sexistischer Ideologien reduzieren.[7] Man kann sie nur im Klassenkontext verstehen und höchstens im Rahmen einer grundlegenden Transformation der Gesellschaft überwinden.

Den harten Kern der sozioökonomischen Ungleichheit bilden Armut und Reichtum. Auf diesen Gegensatz darf sie jedoch nicht reduziert werden, will man sämtliche Dimensionen ihrer Wirksamkeit erfassen. Denn es gibt kaum einen Lebensbereich, in dem sich die Ungleichheit nicht dauerhaft bemerkbar macht. Neben der finanziellen Lage von Haushalten und Einzelpersonen prägt die zunehmende Ungleichheit auch deren Gesundheit, Bildungs- und Ausbildungsstand, Wohnsituation und Wohnumfeld sowie Freizeitverhalten und (Verkehrs-)Mobilität.

1.2 Ungleichheit, Armut und Reichtum

Als politisch-normative Begriffe, die sich kaum und erst recht nicht ein für alle Mal definieren lassen, weil kein Grundkonsens der Gesellschaftsmitglieder darüber existiert, was sie beinhalten, rufen

---

7 Vgl. Bell Hooks, Die Bedeutung von Klasse. Warum die Verhältnisse nicht auf Rassismus und Sexismus zu reduzieren sind, Münster 2020

»Armut« und »Reichtum« je nach sozioökonomischer bzw. Klassenlage, politischer Überzeugung, Weltanschauung und Konfession ganz unterschiedliche, ja gegensätzliche Assoziationen hervor. Beide sind relational, ergeben als Termini mithin bloß im Verhältnis zum durchschnittlichen Lebensstandard jener Gesellschaft einen Sinn, in der ein davon Betroffener lebt.

Armut und Reichtum sind zwei Seiten einer Medaille, die man in der Regel als soziale Ungleichheit bezeichnet. Wenn die Massenmedien, die etablierten Parteien und die politisch Verantwortlichen hierzulande das Thema der (wachsenden) Ungleichheit überhaupt zur Kenntnis nehmen, konzentriert sich das Interesse vorwiegend auf die Armut. Weshalb wirkt das realitätsverzerrend, wenn nicht gar als ideologisches Ablenkungsmanöver, sofern der Reichtum unterbelichtet bleibt? Die sozioökonomische Ungleichheit ist mehr noch als die Armut ein Stachel im Fleisch des kapitalistischen Wirtschafts- und Gesellschaftssystems. Denn die Armut lässt sich als individuelles Problem abtun, dem auf karitativem Wege begegnet werden kann, materielle Ungleichheit hingegen nicht. Zumindest die Mainstream-Medien verabreichen Systemkritik aber, wenn überhaupt, bloß in homöopathischen Dosen.

Die wachsende Ungleichheit ist also kein »gehyptes Thema«, wie Christoph M. Schmidt, als Präsident des Rheinisch-Westfälischen Instituts für Wirtschaftsforschung (RWI) und langjähriger Vorsitzender des Sachverständigenrates zur Begutachtung der gesamtwirtschaftlichen Entwicklung (SVR) ein führender Ökonom der Bundesrepublik, allen Ernstes glaubt,[8] sondern das Kardinalproblem unserer Gesellschaft, wenn nicht der Menschheit insgesamt. Während die Ungleichheit selbst wie auch der Reichtum als ihr Ursprung bis heute weitgehend im Dunkeln bleiben, ist die Armut, von deutschen Soziolog(inn)en, Journalist(inn)en und Politiker(inne)n jahrzehntelang verdrängt, stiefmütterlich behandelt und höchstens

8 Christoph M. Schmidt, zit. nach: Kai Eicker-Wolf/Achim Truger, Einleitung, in: dies. (Hg.), Ungleichheit in Deutschland – ein »gehyptes Problem«?, Über die Verteilungsrealität und Möglichkeiten ihrer Gestaltung, Marburg 2017, S. 8

in der Vorweihnachtszeit zum Thema gemacht,[9] mit Einführung des im Volksmund »Hartz IV« genannten *Vierten Gesetzes für moderne Dienstleistungen am Arbeitsmarkt* zum 1. Januar 2005 stärker ins Blickfeld der Öffentlichkeit gerückt.

Obwohl das Kernproblem der sich in wenigen Händen konzentrierende Reichtum ist, wird dieser Ausgangspunkt und Kristallisationskern der Ungleichheit noch immer weitgehend tabuisiert. Reichtum gebiert Ungleichheit, die wiederum ein soziales Klima generiert, in dem er wächst und gedeiht. Sehr vermögende Personen leben meistenteils in einer luxuriösen Parallelgesellschaft, die Nichtreiche und erst recht Arme systematisch ausgrenzt.

Adam Smith, schottischer Moralphilosoph und Begründer der Nationalökonomie, hatte keine hohe Meinung von den Reichen seiner Zeit, unterstellte ihnen vielmehr Eitelkeit, das beständige Streben nach Exklusivität, den Wunsch nach ostentativem Besitz und die damit verbundene Bereitschaft, für rare Güter überhöhte Preise zu bezahlen: »Bei den meisten reichen Leuten besteht der Hauptgenuß, den sie von ihrem Reichtum haben, in der Schaustellung desselben, die in ihren Augen gerade dann erst recht vollständig ist, wenn sie jene entscheidenden Zeichen des Überflusses in Besitz haben, die außer ihnen niemand zu besitzen imstande ist. In ihren Augen wird ein Gegenstand, der in irgendeinem Grad nützlich oder schön ist, durch seine Seltenheit bedeutend gehoben, d. h. durch die Größe der Arbeit, die es erfordert, eine beträchtliche Quantität davon zu sammeln, eine Arbeit, welche außer ihnen niemand bezahlen kann.«[10]

Auch den gesellschaftspolitischen Konservatismus dieser Personengruppe hat Smith im *Wohlstand der Nationen* bereits 1776

9 Vgl. dazu: Christoph Lorke, Armut im geteilten Deutschland. Die Wahrnehmung sozialer Randlagen in der Bundesrepublik und der DDR, Frankfurt am Main / New York 2015; Christoph Butterwegge, Armut in einem reichen Land. Wie das Problem verharmlost und verdrängt wird, 4. Aufl. Frankfurt am Main / New York 2016; Eva Maria Gajek / Christoph Lorke (Hg.), Soziale Ungleichheit im Visier. Wahrnehmung und Deutung von Armut und Reichtum seit 1945, Frankfurt am Main / New York 2016

10 Adam Smith, Wohlstand der Nationen, Köln 2009, S. 185 f.

treffend beschrieben und daran Überlegungen zu ihren Bündnisperspektiven gegenüber der Mittelschicht geknüpft, die auf einem gemeinsamen Besitz(verteidigungs)interesse basieren: »Die Reichen [...] sind sehr daran interessiert, diejenige Ordnung der Dinge zu erhalten, die ihnen allein den Besitz ihrer Vorteile sichern kann. Die Leute von geringerem Vermögen vereinigen sich, das Eigentum derer, welche größeren Reichtum besitzen, zu schützen, damit auch diese sich wieder zur Verteidigung dessen, was sie, die Ärmeren, besitzen, vereinigen mögen.«[11]

Reichtum ist der entscheidende Transmissionsriemen und die Reichen sind aus Eigeninteresse die mächtigsten Triebkräfte der sozioökonomischen Ungleichheit, während der Staat im Kapitalismus gewissermaßen als ihr politischer Garant dient. Lange bevor sich Karl Marx und Friedrich Engels mit dem Klassencharakter des Staates beschäftigten, wurde seine Hauptfunktion von Smith herausgearbeitet: »Die bürgerliche Regierung ist, insofern sie zur Sicherung des Eigentums eingeführt wurde, [...] zur Verteidigung des Reichen gegen den Armen oder dessen, der Eigentum hat, gegen den, der keines hat, eingeführt worden.«[12] Daraus folgte für Smith, dass die Bürger entsprechend ihrem Besitz und dessen Verteidigung durch die Regierung, also in recht unterschiedlichem Maße, zur Finanzierung des Staates herangezogen werden sollten: »Die Untertanen jedes Staates müssen zur Unterstützung der Staatsgewalt so genau als möglich nach dem Verhältnis ihres Vermögens beitragen, d.h. nach dem Verhältnis der Einkünfte, die ein jeder unter dem Schutz des Staates genießt.«[13]

Heutzutage tut sich die politische, Medien- und Fachöffentlichkeit hierzulande sehr viel schwerer damit, die gegensätzlichen Interessen der Klassen zu benennen und ihre unterschiedliche Durchsetzungsmacht im politischen Raum anzuerkennen. Auch der Osnabrücker Erziehungs- und Politikwissenschaftler Aladin El-

11 Ebd., S. 729

12 Ebd., S. 729 f.

13 Ebd., S. 848

Mafaalani konstatiert zwar, dass die deutsche Gesellschaft »durch soziale Ungleichheiten strukturiert« ist, bestreitet aber die Existenz klarer Verantwortlichkeiten dafür: »Es ist niemand schuld im Sinne eines absichtsvollen Erzeugens dieser Ungerechtigkeiten.«[14] Dies kann man füglich bezweifeln. Denn warum sollten Menschen, die von der Ungleichheit materiell und soziokulturell am meisten profitieren, diese nicht bewusst vorantreiben und nach besten Kräften verstärken?

Zwar gäbe es ohne Armut keinen Reichtum und ohne Reichtum keine Armut, die Verantwortung für Ungleichheit lässt sich Armen und Reichen jedoch nicht wechselseitig zuordnen. Schließlich profitieren von der Ungleichheit hauptsächlich Gutsituierte. In einem wohlhabenden Land wie der Bundesrepublik ist Armut die Kehrseite des Reichtums, es liegt indes auf der Hand, dass nicht sozial Benachteiligte, Besitzlose und Bedürftige die gesellschaftliche Polarisierung vorantreiben, sondern ausschließlich die Vermögenden. Arme sind die Hauptleidtragenden der materiellen Ungleichheit, nicht aber deren Erzeuger/innen. Bei der Armut geht es primär um einen Mangel an Geld, dessen Fehlen die davon Betroffenen in mehrfacher Hinsicht benachteiligt: Ihre hieraus erwachsenden Handicaps reichen von der Mangelernährung über gesundheitliche Beeinträchtigungen bis zur sozialen Marginalisierung, Diskriminierung und Kriminalisierung.

Armut geht aus exzessivem Reichtum hervor, wie schon Jean-Jacques Rousseau erkannte, als er in der Auseinandersetzung mit Versuchen einer Rechtfertigung des aristokratischen Pomps und Prunks seiner Zeit bemerkte: »Der Luxus mag notwendig sein, um den Armen Brot zu geben: Aber wenn es keinen Luxus gäbe, würde es keine Armen geben.«[15] Armut und Reichtum bilden nicht bloß einen begrifflichen Gegensatz, sondern auch eine strukturelle Einheit. Bis

14 Aladin El-Mafaalani, Mythos Bildung. Die ungerechte Gesellschaft, ihr Bildungssystem und seine Zukunft, Köln 2020, S. 97

15 Jean-Jacques Rousseau, Diskurs über die Ungleichheit / Discours sur l'inégalité, a. a. O., S. 313 (Fn. 384)

heute stehen beide in einer Wechselbeziehung zueinander, was sich an den Funktionsmechanismen des kapitalistischen Wirtschaftssystems zeigt. »Reichtum produziert unter diesen Umständen Armut: Die Lohnkürzung des einen ist die Dividende des anderen.«[16]

Um als Reichtum verfügbar zu sein, muss Geld erst in Kapital als sich wie von selbst weiter vermehrendes Vermögen umgewandelt werden. »Geld allein schafft keinen Reichtum, sondern ist nur soziales Schmiermittel und eine Zahl auf einem Konto. Der eigentliche Reichtum entsteht durch Investitionen, die heute getätigt werden, um morgen mehr Güter und Dienstleistungen zu produzieren.«[17] Kapitaleigentum ist nicht bloß die profitträchtigste Form des Reichtums, sondern auch jene, mit der sich besonders viel Macht über andere Menschen und gesellschaftlicher Einfluss verbinden, wenn er über einer schwierig zu bestimmenden Schwelle liegt. So konzentriert sich das US-Wirtschaftsmagazin *Forbes* in seiner jährlich aktualisierten Liste *The World's Billionaires* auf Personen, deren Privat*vermögen* mehr als eine Milliarde US-Dollar beträgt. Der ebenfalls jährlich erscheinende *World Wealth Report* der französischen Unternehmensberatung Capgemini und der US-Investmentbank Merrill Lynch unterscheidet zwischen »High Net Worth Individuals« (HNWIs) und »Ultra-High Net Worth Individuals« (U-HNWIs), die über ein Netto(finanz)vermögen von mindestens einer Million US-Dollar bzw. von mindestens 30 Millionen US-Dollar verfügen.

Dementsprechend kann man zwischen Wohlhabenden, Hochvermögenden und *Hyper- bzw. Ultra*reichen differenzieren. Letztere sollten nicht als *Super*reiche bezeichnet werden, verbindet sich mit diesem Terminus doch eine positive Konnotation, die angesichts der Vermögenskonzentration in wenigen Händen ungerechtfertigt er-

16 Dierk Hirschel, Armut und Reichtum, in: Gabriele Gillen / Walter van Rossum (Hg.), Schwarzbuch Deutschland. Das Handbuch der vermissten Informationen, Reinbek bei Hamburg 2009, S. 55

17 Ulrike Herrmann, Der Sieg des Kapitals. Wie der Reichtum in die Welt kam: Die Geschichte von Wachstum, Geld und Krisen, 2. Aufl. München / Berlin 2015, S. 234

scheint. Exzessiver privater Reichtum ist zweifellos schädlich, und zwar sowohl für die Entwicklung der Gesellschaft insgesamt wie auch für ihre einzelnen Mitglieder. Die meisten Individuen leiden sogar doppelt unter ihm: Weder können sie aufgrund sozialer Barrieren ihre Persönlichkeit, Fähigkeiten und Fertigkeiten optimal entfalten noch ihre Bürgerrechte in einer von Diskriminierung und Benachteiligung freien Weise wahrnehmen.

Für den Dortmunder Wirtschafts- und Sozialphilosophen Christian Neuhäuser ist Reichtum ein moralisches Problem, weil er ein Zusammenleben in Würde gefährdet: »Eine gerechte Gesellschaft ist eine Gesellschaft, die allen Menschen ein Leben in Würde und Selbstachtung ermöglicht. In solch einer gerechten Gesellschaft gibt es nicht nur nach unten, sondern auch nach oben hin eine klare Grenze für erlaubte sozioökonomische Ungleichheit.«[18] Die fatalen Konsequenzen der Reichtumskonzentration in unserer Gesellschaft verdeutlicht Neuhäuser, indem er die zahlreichen Vorzüge einer möglichen, aber bisher nicht realisierten Gleichverteilung des Überflusses schildert: »Alle Menschen könnten gut wohnen, sich gut kleiden und gut essen, wenn das Geld nur anders verteilt wäre.«[19]

Der österreichische Psychoanalytiker und Ökonom Martin Schürz spricht von »Überreichtum«, ohne jedoch eine Grenze anzugeben, die ihn vom »normalen« Reichtum trennt. Nicht das Verhalten der Vermögenden entscheidet seines Erachtens darüber, ob sie der Gesellschaft nützen oder schaden: »Auch jene Überreichen, die mit ihrem Vermögen weder protzen noch den Staat zu ihren Gunsten zu unterminieren suchen, sondern großzügig den Armen helfen, sind für die Gesellschaft problematisch. Denn sie können ihr Verhalten ändern und ihre Macht missbrauchen. Der Möglichkeitshorizont markiert die Gefahren des Überreichtums.«[20]

18 Christian Neuhäuser, Reichtum als moralisches Problem, 2. Aufl. Berlin 2018, S. 9

19 Ebd., S. 24

20 Vgl. Martin Schürz, Überreichtum, Frankfurt am Main / New York 2019, S. 134

Armut lässt sich wissenschaftlich leichter erforschen als Reichtum, weil sich sozial Benachteiligte ihrer bürokratischen Erfassung durch den Wohlfahrtsstaat nicht entziehen können.[21] Umgekehrt pochen gerade die extrem Reichen – Finanzinvestoren, Großunternehmer, Kapitalmagnaten und andere Hochvermögende – mit Erfolg auf Diskretion. Schwer zu erfassen ist der Reichtum auch deshalb, weil er sich möglichst gut versteckt bzw. tarnt, vor allem dann, wenn sich kritische Wissenschaftler/innen um die Offenlegung seiner genauen Höhe bemühen. Der Bochumer Ungleichheitsforscher Ernst-Ulrich Huster hat daher festgestellt: »Reichtum gleicht einem scheuen Wild, die Sozialstatistik und die öffentliche Forschungsförderung tragen dem in hohem Maße Rechnung.«[22]

Reichtum kennt im Unterschied zur Armut weder eine starre Mindest- noch eine absolute Höchstgrenze. Weil alle verfügbaren Datengrundlagen die höchsten Einkommen entweder – wie die alle fünf Jahre erhobene Einkommens- und Verbrauchsstichprobe (EVS) des Statistischen Bundesamtes – aufgrund einer »Abschneidegrenze« gar nicht erfassen oder aufgrund mangelnder Transparenz gerade im obersten Bereich der Vermögen besonders ungenau sind, verkennt man die Konzentration des Reichtums für gewöhnlich. DIW-Mitarbeiter, die sich auf das Sozio-oekonomische Panel (SOEP) stützen, haben beispielsweise herausgefunden, dass Studien zu den Verteilungsrelationen auf der Basis von Bevölkerungserhebungen die Vermögensungleichheit in Deutschland tendenziell unterschätzen.[23]

Wer die übermäßige Konzentration des Reichtums in der Bundesrepublik kritisiert und daraus die Forderung nach einem sozia-

---

21 Vgl. ebd., S. 22

22 Ernst-Ulrich Huster, Reichtum in einer reichen Gesellschaft, in: ders. (Hg.), Reichtum in Deutschland. Der diskrete Charme der sozialen Distanz, Frankfurt am Main / New York 1993, S. 12

23 Vgl. Christian Westermeier / Markus M. Grabka, Große statistische Unsicherheit beim Anteil der Top-Vermögenden in Deutschland, in: DIW-Wochenbericht 7 / 2015, S. 123 ff.

len Ausgleich der Markteinkommen oder nach wirksameren Umverteilungsmaßnahmen des Staates im Hinblick auf das Vermögen ableitet, bekommt oft zu hören, dass er nicht auf die Extrempositionen des Klassenspektrums blicken, vielmehr die erfreulich große Streuung des Wohlstandes über breite Bevölkerungsschichten zur Kenntnis nehmen und würdigen solle. Martin Schürz beharrt demgegenüber darauf, die beiden Endpunkte der Reichtumsverteilung ins Zentrum der Analyse zu rücken: »Erst eine Erkundung der Pole steckt die gesellschaftliche Landkarte systematisch ab. Ein Vergleich der Mitte mit den Wohlhabenden oder der ominösen Superreichen mit den Reichen hingegen bietet nur einen arbiträren Ausschnitt der Gesellschaft.«[24]

Walter Scheidel differenziert zwischen absoluter und relativer Ungleichheit. Letztere bezieht er auf den Anteil bestimmter Bevölkerungssegmente an den Gesamtressourcen und Erstere auf die unterschiedlichen Mengen an Ressourcen, welche sie sich aneignen. Die relativen Ungleichheitsmaße wie der nach einem italienischen Mathematiker benannte, 0 bei Gleichverteilung und 1 bei extremer Ungleichverteilung betragende Gini-Koeffizient und die Einkommensanteile der obersten Gruppen (Dezile, Quintile oder Terzile) zeichnen laut Scheidel »ein konservativeres Bild der Entwicklung«, denn sie lenken nach seiner Meinung von der Kluft ab, die zwischen den Einkommen wie zwischen den Vermögen unablässig wachse.[25] Haushaltserhebungen, aus denen sie abgeleitet werden, seien als gängige Methode zudem wenig geeignet, um auch die höchsten Einkommen zu erfassen. Tatsächlich erweisen sich ausgerechnet die Spitzenverdiener hinsichtlich ihrer Einkommens- und Vermögensverhältnisse als wenig auskunftsfreudig.

Zwischen den beiden Größen sollte deutlich unterschieden werden: Vermögen wirkt reichtumsfördernd und -erhaltend zugleich, Lohn oder Gehalt kann hingegen schlagartig entfallen, wenn die

24 Martin Schürz, Überreichtum, a. a. O., S. 40

25 Siehe Walter Scheidel, Nach dem Krieg sind alle gleich, a. a. O., S. 26

Einkommensquelle mit dem Arbeitsplatz oder dem eigenen (Klein-) Unternehmen, wie etwa in der Covid-19-Pandemie durch Entlassungen und Insolvenzen geschehen, schlagartig versiegt. Umso fragwürdiger ist es methodisch, die aktuelle Höhe des Einkommens als wichtigsten Reichtumsmaßstab zu benutzen. Obwohl der Mannheimer Soziologe Johannes Berger *wirtschaftliche* Ungleichheit im Kern als Ungleichverteilung von Einkommen *und Vermögen* definiert, von der man auch als distributiver Ungleichheit spricht, kapriziert er sich in seinen zwölf Vorlesungen zum Thema auf die Einkommensungleichheit.[26] Stattdessen muss gerade zur Beurteilung des persönlichen Entscheidungsspielraums und der Handlungsalternativen eines Menschen sein Privateigentum herangezogen werden, das in der bürgerlichen Gesellschaft als prioritäres Grundrecht betrachtet und durch die Staatsgewalt entsprechend geschützt wird.

Will man eine allgemeine Typologie der zuletzt dominierenden Reichtums*formen* erstellen, lassen sich Konzern-, Börsen- und Erbreichtum voneinander unterscheiden. Natürlich sind die Grenzen zwischen ihnen fließend, weil ein Großunternehmer an den Finanzmärkten spekulieren, sein Vermögen aber auch geerbt haben und seinerseits an die nächste Generation weitergeben kann. Für den US-amerikanischen Soziologen C. Wright Mills war das »System der privaten Konzernwirtschaft« in den frühen 1950er-Jahren die Wiege eines gigantischen Reichtums: »Nicht große Vermögen, sondern große Konzerne sind die wesentlichen Einheiten des Reichtums, an die sich einzelne Superreiche auf die eine oder andere Weise gebunden haben. Der Konzern ist die Quelle und die Basis für die dauerhafte Macht und die Vorrechte des Reichtums.«[27] Ein vermehrter Aktienbesitz gehört zum Konzernreichtum und garantiert hohe Dividenden, gewährleistet aber auch die Beteiligung an den wichtigsten Unternehmensentscheidungen.

26 Vgl. Johannes Berger, Wirtschaftliche Ungleichheit. Zwölf Vorlesungen, Wiesbaden 2019, S. 30 und 43 ff.

27 C. Wright Mills, Die Machtelite, Frankfurt am Main 2019, S. 185

Mills beschrieb auch die Schwierigkeiten der Expansion, wenn es darum geht, ein kleines Unternehmen zu einem großen auszubauen oder durch einen beruflichen Aufstieg vermögend zu werden. »Die Vorstellung von der ehrbaren bürgerlichen Geschäftsgründung, ihrem langsamen Aufblühen unter gewissenhafter Leitung bis zur Ausdehnung als Großkonzern entspricht nicht der Wirklichkeit, wie sie sich auf den höheren Stufen der Vermögensgründung findet.«[28] Für missverständlich und mehrdeutig hielt Mills die Bezeichnung »Unternehmer«, weil sie kleine Geschäftsleute genauso umfasse wie Konzernchefs. Wegen des vielzitierten unternehmerischen Risikos seien Geld, Laufbahn und Existenz im Stadium der Firmengründung noch gefährdet. Letztlich scheitere der Aufstieg zum Kapitalmagnaten fast immer. »Viel leichter und viel sicherer ist es, in den Superreichtum hineingeboren zu werden.«[29]

Gab es in der sog. Gründerzeit des »klassischen« Industriekapitalismus noch selbst geschaffenen Erwerbsreichtum, so trat später Erbreichtum an seine Stelle. Dieser macht längst einen Löwenanteil der großen (Kapital-)Vermögen aus, hierzulande ebenso wie in den USA. Melanie Böwing-Schmalenbrock, wissenschaftliche Mitarbeiterin der Arbeitsstelle für Kinder- und Jugendhilfestatistik an der TU Dortmund, hat in ihrer Doktorarbeit die unterschiedlichen »Wege zum Reichtum« untersucht und festgestellt, dass Schenkungen und Erbschaften dabei ein höherer Stellenwert als häufig angenommen zukommt: »Weit mehr als der Hälfte der beobachteten reichen Haushalte wurde unter anderem durch Vermögenstransfers der Weg zum Reichtum eröffnet und für insgesamt 38 Prozent sind Erbschaften sogar die ausschlaggebende Quelle.«[30]

Marc Szydlik, Soziologe an der Universität Zürich, sagte um die Jahrtausendwende eine wachsende Konzentration des Erbver-

28 Ebd., S. 182

29 Ebd., S. 184

30 Melanie Böwing-Schmalenbrock, Wege zum Reichtum. Die Bedeutung von Erbschaften, Erwerbstätigkeit und Persönlichkeit für die Entstehung von Reichtum, Wiesbaden 2012, S. 248

mögens infolge der demografischen Entwicklung voraus. Mehr kinderlose Erblasser bedächten andere Verwandte wie Nichten und Neffen, die zusätzlich ihre Eltern beerbten. Aufgrund des demografischen Wandels kommen laut Szydlik immer weniger junge Erben auf immer mehr ältere Erblasser: »Die geringere Geschwisterzahl aufgrund der gesunkenen Fertilität führt zu einer geringeren Erbteilung und somit zu einer größeren Erbschaftskonzentration auf wenige Erben.«[31]

Höchstens ansatzweise voraussehen konnte C. Wright Mills die heutigen Möglichkeiten, auf den internationalen Finanzmärkten zu spekulieren und so ein riesiges Vermögen aufzubauen. Er sprach zwar schon von »Finanzspekulanten«, das globale (Börsen-) Kasino des heutigen »Turbokapitalismus« (Edward Luttwak) mit seinen Verbriefungen und Leerverkäufen war in dieser Form aber noch gar nicht eröffnet. Nach dem Niedergang des Weltwährungssystems von Bretton Woods erfolgte 1979/80 mit dem beginnenden Siegeszug des Neoliberalismus – damals war Margaret Thatcher in Großbritannien zur Premierministerin und Ronald Reagan in den USA zum Präsidenten gewählt worden – eine historische Machtverschiebung vom Real- zum Finanzkapital: »Seither ist es profitabler zu spekulieren, als in ein normales Unternehmen zu investieren.«[32]

Die neuen bzw. neuartigen Reichen sind nicht mehr sehr eng mit den Gütermärkten verbunden, sondern haben ihr riesiges Vermögen größtenteils auf dem Börsenparkett bzw. den Finanzmärkten erworben, wo teilweise im Hochfrequenzhandel mit Devisen, festverzinslichen Wertpapieren und Aktien gehandelt wird. »Obwohl nur eine Minderheit der Superreichen sich in erster Linie als Finanzinvestoren begreift, sind doch die meisten, die in anderen Wirtschaftszweigen tätig sind, zugleich stark in spekulative Finanzgeschäfte

31 Marc Szydlik, Lebenslange Solidarität? – Generationenbeziehungen zwischen erwachsenen Kindern und Eltern, Opladen 2000, S. 240

32 Ulrike Herrmann, Der Sieg des Kapitals, a. a. O., S. 187

involviert – und natürlich beteiligen sie sich auch an Stahl-, Energie- und Telekommunikationsunternehmen um der Finanzgewinne willen.«[33] Unter den Reichen sind heute auch mehr Gehaltsempfänger, die aber gar nicht produktiv tätig sind (und deshalb ihre Spitzeneinkommen verdient hätten), sondern beispielsweise als Hedgefondsmanager, Investmentbanker und Finanzdienstleister davon leben, dass sie hohe Sonderzahlungen, Boni und Provisionen beziehen. »Die neuen Rentiers, die unter der Herrschaft des Neoliberalismus auf den Plan getreten sind, stehen mit anderen im globalisierten Wettbewerb um die Vermögenswerte mit der höchsten Rendite.«[34]

Die kanadische Publizistin und Politikerin Chrystia Freeland wies auf die Transformation des Finanzwesens durch die Gründung von Schattenbanken, Hedgefonds und Private-Equity-Firmen hin: »In der Nachkriegszeit hat sich die Rolle des Bankiers mit der stetigen Ausweitung der Wissensökonomie dramatisch gewandelt. Statt für die Kapitaleigner zu arbeiten – ob Industriemagnaten oder Aktionäre von Kapitalgesellschaften –, haben Finanziers entdeckt, dass sie selbst das Kapital und mit ihm Unternehmen besitzen können.«[35] Der »postmoderne« Geldadel und sein unvorstellbarer Reichtum, welcher sich ohne großes Zutun vermehrt, haben ganz entscheidend zur globalen Banken-, Finanz- und Staatsschuldenkrise 2007/08 beigetragen. Von besonderer Brisanz waren Zertifikate (Futures, Optionen, Swaps), deren große Hebelwirkung eine Potenzierung des Reichtums ermöglichte, aber auch enorme Stabilitätsrisiken für das Finanzsystem in sich barg. Weder der Börsencrash nach dem Zusammenbruch der US-amerikanischen Investmentbank Lehman Brothers am 15. September 2008 noch die ihm folgende schwerste Weltwirtschaftskrise seit Ende der 1920er-/Anfang der 1930er-Jahre haben allerdings be-

33 Andrew Sayer, Warum wir uns die Reichen nicht leisten können, München 2017, S. 26

34 Ebd., S. 127

35 Chrystia Freeland, Die Superreichen. Aufstieg und Herrschaft einer neuen globalen Geldelite, 2. Aufl. Frankfurt am Main 2013, S. 142

wirkt, dass der Finanzsektor streng reguliert und Krisentendenzen vorgebeugt wurde.[36]

Der Marburger Soziologe Peter Imbusch klassifiziert die Reichen unter Berufung auf seinen französischen Kollegen Pierre Bourdieu nach ihren typischen Lebensstilen in vier Gruppen: Unter dem »alten Reichtum« versteht er Familiendynastien mit ausgeprägtem Luxus-Geschmack; die »arbeitenden Reichen« rekrutierten sich dagegen aus dem gehobenen Bürgertum und hätten ihr Vermögen durch eigene Leistungen (Erwerbstätigkeit als Unternehmer, Freiberufler, Angestellte und Beamte) erworben; die »typischen Neureichen« fielen durch ihre Neigung zu einem verschwenderischen Lebensstil auf und die »Erfolg-Reichen« seien Großverdiener/innen aus dem Showgeschäft, der Medienbranche und des Spitzensports.[37]

Hinsichtlich der Reichtums*grade* unterschied C. Wright Mills nach den Möglichkeiten, sich Wünsche, Träume und Begierden zu erfüllen, sowie den Begrenzungen, welchen die einzelnen Schichten unterworfen sind. »Für die ganz Armen reicht es niemals zum Notwendigsten. Für die mittleren Schichten kommen immer neue Bedürfnisse, und wenn sie auch nicht notwendig sind, so verlangt doch das Prestige danach. Für die Superreichen gibt es keine Frage des Auskommens, und soweit der Mensch überhaupt frei sein kann, sind sie frei.«[38] Wer so reich ist, hat keine materiellen Probleme, muss nicht (mehr) erwerbstätig sein und kann auch ohne andere Einkünfte bis ans Ende seiner Tage komfortabel leben. Wer über enormen Reichtum verfügt, kann sich Wunschträume im Hinblick auf Konsumgüter und Luxusartikel

36 Vgl. dazu: Lucas Zeise, Ende der Party. Die Explosion im Finanzsektor und die Krise der Weltwirtschaft, 2. Aufl. Köln 2009; Helge Peukert, Die große Finanzmarkt- und Staatsschuldenkrise. Eine kritisch-heterodoxe Untersuchung, 4. Aufl. Marburg 2012

37 Siehe Peter Imbusch, Unglaubliche Vermögen – elitärer Reichtum, in: Thomas Druyen / Wolfgang Lauterbach / Matthias Grundmann (Hg.), Reichtum und Vermögen. Zur gesellschaftlichen Bedeutung der Reichtums- und Vermögensforschung, Wiesbaden 2009, S. 222 ff.

38 C. Wright Mills, Die Machtelite, a. a. O., S. 241

erfüllen, verfügt aber auch über größere Handlungs- und Entscheidungsräume in anderen Lebensbereichen.

Melanie Böwing-Schmalenbrock differenziert zwischen drei Reichtumsgraden, die sie als »Wohlstand«, »fragilen Reichtum« und »stabilen Reichtum« bezeichnet: »Abgrenzungskriterium zwischen den Graden ist das Ausmaß, zu dem ein Haushalt auf externen Mittelzufluss angewiesen ist, um einen gehobenen Lebensstandard langfristig aufrechterhalten zu können.«[39] Während diese Abhängigkeit von solchen Einkommensquellen im Wohlstand, der ein Jahresnettoeinkommen von mindestens dem Doppelten des mittleren Einkommens voraussetzt, noch uneingeschränkt bestehe, seien die Vermögensbestände im fragilen Reichtum (Haushaltsgesamtvermögen: mindestens 1,2 Millionen Euro) hinreichend, um aus ihnen allein die nötigen Einnahmen zu beziehen, und im stabilen Reichtum (Haushaltsgesamtvermögen: mindestens 2,4 Millionen Euro) hoch genug, um trotz Konsumtion daraus erzielter Einnahmen den Vermögensstock zu erweitern. Berücksichtigt man die mehrjährige Niedrigzinspolitik der Europäischen Zentralbank (EZB), müsste das Gesamtvermögen eines Haushalts über fünf Millionen Euro betragen, um dessen Mitgliedern stabilen Reichtum zu garantieren.

Gäbe es keine großen Lohn-, Einkommens- und vor allem Vermögensunterschiede zwischen den Menschen, würde man auch niemanden arm nennen können. Um die unterschiedlichen Rahmenbedingungen in wohlhabenden und weniger hoch entwickelten Gesellschaften zu berücksichtigen, differenziert man in der Fachliteratur zwischen absoluter, extremer bzw. existenzieller Armut einerseits sowie relativer Armut andererseits. *Absolut* arm ist, wer seine Grundbedürfnisse nicht zu befriedigen vermag, also hungert, über kein sicheres Trinkwasser verfügt, keine den klimatischen Bedingungen angemessene Kleidung und keine Wohnung bzw. kein Obdach hat, aber auch, wer eine medizinische Grundversorgung entbehrt; *relativ* arm ist, wer zwar seine Grundbedürfnisse befrie-

39 Melanie Böwing-Schmalenbrock, Wege zum Reichtum, a. a. O., S. 245

digen, sich aber nicht am sozialen, kulturellen und politischen Leben beteiligen kann. »Relative Armut ist also entwürdigend, weil sie einen Zustand darstellt, in dem die betroffenen Menschen selbst in grundlegenden Fragen nicht für sich selbst sorgen können, obwohl sie es eigentlich könnten.«[40]

Der Erfurter Soziologe Ronald Lutz sieht in der Armut ein »Resultat der Ungleichverteilung von Ressourcen« bzw. in sozialstruktureller Hinsicht das »Resultat einer extremen und sich verfestigenden sozialen Ungleichheit« und definiert sie in Anlehnung an einen EG-Ministerratsbeschluss als eine Situation bzw. eine Lage, in der Einzelpersonen, Familien und Gruppen über so geringe (materielle, kulturelle und soziale) Mittel verfügen, dass sie von der Lebensweise ausgeschlossen sind, die ihre Gesellschaft als Existenzminimum begreift und sich in der jeweiligen Sozialgesetzgebung wiederfindet.[41] Laut einer EU-Konvention aus dem Jahr 1984 gelten Menschen in einem Mitgliedsstaat als armutsgefährdet oder -bedroht, die weniger als 60 Prozent des mittleren Nettoäquivalenzeinkommens (Armutsrisikoschwelle) zur Verfügung haben. Treffender wäre die Bezeichnung einkommensarm, denn von weniger als 1.074 Euro – da lag die Armutsgefährdungsgrenze im Jahr 2019 für Alleinstehende hierzulande – musste auch die Wohnungsmiete bezahlt werden, was in den meisten Groß- und Universitätsstädten der Bundesrepublik aufgrund des hohen Mietniveaus bedeutete, dass sehr wenig Geld übrigblieb. Von den Niedrigeinkommensbezieher(inne)n dürften nämlich die wenigsten Wohneigentum besessen haben.

Leider enthält die deutsche Sprache keinen prägnanten Begriff für Soziallagen, die weder arm noch reich zu nennen sind. Um eine solche Zwittersituation zu charakterisieren, eignet sich noch am ehesten der Terminus »Wohlstand«, welcher allerdings mehr zur Seite des Reichtums neigt. Darunter ist eine soziale Position zu ver-

---

40 Christian Neuhäuser, Reichtum als moralisches Problem, a. a. O., S. 143

41 Siehe Ronald Lutz, Soziale Erschöpfung. Kulturelle Kontexte sozialer Ungleichheit, Weinheim / Basel 2014, S. 30 f.

stehen, die weitgehend als gesichert gelten kann, ohne dass materieller Überfluss oder Luxus herrschen. Die folgende Definition von Christian Neuhäuser fällt jedoch diffus aus: »Über Wohlstand verfügt, wer etwas mehr Geld besitzt, als für ein Leben in Würde nötig ist.«[42] In der Armuts- und Reichtumsberichterstattung der Bundesregierung besteht eine Tendenz, die Begriffe »Wohlhabenheit« und »Wohlstand« nicht synonym, sondern als Steigerung zu verwenden, auf die Bezeichnung »Reichtum« hingegen zu verzichten. Auf diese Weise wird man der komplizierten, differenzierten und polarisierten Verteilungsrealität in Deutschland jedoch kaum gerecht.

Mit einer ganz anderen Intention hatte der im November 2000 verstorbene Soziologe Werner Hübinger wenige Jahre zuvor den Begriff »prekärer Wohlstand« eingeführt. Ihm war die starke Häufung von Personen knapp oberhalb der damals mit 50 Prozent des durchschnittlichen gewichteten Haushaltsnettoeinkommens angesetzten Armutsschwelle aufgefallen. Hieraus zog Hübinger den Schluss, dass ein bedeutender Teil der Bevölkerung zwar nicht arm, aber auch nicht weit von dieser Lebenslage entfernt war und ein relativ hohes Risiko aufwies, durch einen persönlichen Schicksalsschlag oder eine falsche Weichenstellung im Lebensverlauf arm zu werden.

Der diese Problematik seiner Meinung nach unterschätzenden Armutsforschung warf Hübinger ebenso wie der das Armutssegment vernachlässigenden Sozialstrukturforschung eine Blickverengung vor: »Schaut die Ungleichheitsforschung zu einseitig auf die sozialen ›Mittellagen‹, so verengt sich der Blick der Armutsforschung auf das unterste Bevölkerungssegment und verkürzt dadurch auf diese Weise das Spektrum sozialer Ungleichheit.«[43] Hübinger führte damals im Auftrag des Deutschen Caritasverbandes eine Untersuchung durch, die sich als »Analyse sozialer Ungleichheit in einer gesellschaftlichen Problempopulation unter besonderer Berücksich-

42 Christian Neuhäuser, Reichtum als moralisches Problem, a. a. O., S. 156

43 Werner Hübinger, Prekärer Wohlstand. Neue Befunde zu Armut und sozialer Ungleichheit, Freiburg im Breisgau 1996, S. 18

tigung der Einkommensdisparität« verstand und folgende Leitfrage zu beantworten suchte: »Wie gestalten sich die Einkommens- und Lebenslagen in der ganzen (Einkommens-)Bandbreite zwischen Armut und Wohlstand?«[44] Tatsächlich kann das gesamte Spektrum der Soziallagen nur dann in den Blick geraten und eine Gesamtschau der Klassen- und Schichtstruktur im heutigen Finanzmarktkapitalismus erfolgen, wenn die Ungleichheits-, Armuts- und Reichtumsforschung mit der Sozialstrukturforschung zusammengeführt wird.

1.3 Der meritokratische Mythos und die Legitimation der Ungleichheit

Jahrhundertelang wurde die wirtschaftliche, soziale und politische Ungleichheit entweder als naturgegeben oder als gottgewollt angesehen. Die großen Philosophen der griechischen Antike, selbst meistenteils reichen Familien entstammend, behandelten die Ungleichheit in ihren Schriften entweder überhaupt nicht oder begriffen sie als tragende Säule der Gesellschaft, die zu hinterfragen an Blasphemie grenze. Sklavenhalter, Feudalherren und absolutistische Herrscher hatten natürlich kein Interesse an einer Diskussion über die Hintergründe ihrer privilegierten Stellung, während es den Leidtragenden der Ungleichverteilung von ökonomischen Ressourcen, Macht und Rechten an Möglichkeiten fehlte, ihre Kritik daran öffentlich zu artikulieren.

Erst seit der europäischen Aufklärung, den bürgerlichen Revolutionen und dem Sturz absoluter Monarchien bedarf Ungleichheit der politischen Legitimation, sofern sie weder natürlich noch sachlich bzw. fachlich, etwa durch Ausbildungs-, Wissens- und Kompetenzunterschiede zwischen bestimmten (Gruppen von) Personen, begründet ist. Vorher wurden Ungleichheitsstrukturen auch von den negativ Betroffenen, sieht man von Sklavenaufständen und Bauernrevolten ab, im Wesentlichen ohne kollektiven Protest und Wider-

44 Ebd., S. 20

stand akzeptiert. Nur gebildete Minderheiten begaben sich auch schon zu jener Zeit auf die Suche nach den Ursachen der ökonomischen, sozialen und politischen Ungleichheit, die weit verbreitet und zudem extrem stark ausgeprägt war.

Nach dem Zweiten Weltkrieg verfestigte die von den westlichen Alliierten unter Führung der USA in ihren Besatzungszonen verwirklichte Währungsreform das zeitgenössische Narrativ der gleichen Startchancen.[45] Es schien nämlich so, als hätten alle Individuen, Klassen und Schichten wirtschaftlich beinahe an einem Nullpunkt begonnen und dieselbe Ausgangsbasis für einen sozialen Aufstieg gehabt. Denn am 20. Juni 1948 konnten alle Inhaber einer Lebensmittelkarte in den westlichen Besatzungszonen 40 praktisch wertlos gewordene Reichsmark gegen 40 D-Mark eintauschen. Während das Guthaben auf den Bankkonten der Kleinsparer/innen im Verhältnis 10 zu 1 abgewertet wurde, blieb das Produktivvermögen – mit Ausnahme seiner Heranziehung zur »Soforthilfe« und zum späteren »Lastenausgleich«, der jedoch aus dem Vermögenszuwachs finanzierbar und auf die Konsumenten abwälzbar war – unangetastet. »Diese Ungleichheit in der Behandlung der Vermögen mochte angesichts der allgemeinen Not des Jahres 1948 noch unerheblich erscheinen; für die in den sechziger Jahren immer stärker kritisierte Ungleichheit der Einkommens- und Vermögensverteilung war sie jedoch grundlegend.«[46]

In einer wohlhabenden Gesellschaft wie der Bundesrepublik, die ihren Bürger(inne)n gegenüber den Anspruch erhebt, sozial, gerecht und demokratisch zu sein, müssen Armut, wenn sie nicht auf Einzelfälle beschränkt bleibt und man ein persönliches Versagen der davon Betroffenen unterstellen kann, wie Reichtum, der ein sozial verträgliches Maß übersteigt, öffentlich gerechtfertigt werden. Dies geschieht primär über das Dogma, wonach es Leistungsträger(inne)n bessergeht und auch bessergehen soll als weniger

45 Vgl. Werner Abelshauser, Deutsche Wirtschaftsgeschichte. Von 1945 bis zur Gegenwart, 2. Aufl. München 2011, S. 337

46 Ebd., S. 124

Leistungsfähigen oder gar Leistungsverweigerer(inne)n. »Leistung« wird dabei nicht etwa an den gesellschaftlichen Erfordernissen, sondern meistenteils am ökonomischen Erfolg der betreffenden Person gemessen. Deshalb gilt nicht das, was Erzieherinnen, Krankenschwestern und Altenpfleger tun, als eine Leistung, die hohe Anerkennung verdient und gut entgolten werden muss, sondern das, was Investmentbanker, Manager und Unternehmensberater tun, weil es hohe Tantiemen, Dividenden bzw. Honorare abwirft. Selbst die im Frühjahr 2020 während der Covid-19-Pandemie gewonnene Erkenntnis, dass Lkw-Fahrer, Reinigungskräfte, Supermarkt-Kassiererinnen und Rettungssanitäter »systemrelevanter«, d.h. für das Funktionieren unseres Gemeinwesens wichtiger sind als etwa Bankiers, haben daran nichts Wesentliches geändert.

Einrichtungen, Konzepte und Maßnahmen, die Ungleichheit weder problematisieren noch zu minimieren suchen, legitimieren sie im Grunde. Der in diesem Zusammenhang zentrale Begriff »Meritokratie« stammt von dem britischen Soziologen und Labour-Politiker Michael Dunlop Young, dessen 1958 erschienene Dystopie *The Rise of the Meritocracy 1870 2033* ihn satirisch verwendete,[47] während ihn die spätere Rezeption seiner Partei zum Positiven wendete. Heike Solga, Direktorin der Abteilung »Ausbildung und Arbeitsmarkt« am Wissenschaftszentrum Berlin für Sozialforschung (WZB), hat fünf Wesenszüge der »meritokratischen Leitfigur sozialer Ungleichheit« herausgearbeitet: »(1) die ›natürliche‹ Fundierung sozialer Ungleichheit, (2) die Darstellung von Ungleichheit als gesellschaftliches Funktionserfordernis, (3) die Notwendigkeit organisierter Bildungsprozesse, (4) die individuelle statt kategoriale Ungleichheitsdefinition sowie (5) die Entpersonifizierung der Definition von Leistung.«[48]

47 Vgl. Michael Young, Es lebe die Ungleichheit. Auf dem Weg zur Meritokratie, Düsseldorf 1961

48 Heike Solga, Meritokratie – die moderne Legitimation ungleicher Bildungschancen, in: Peter A. Berger / Heike Kahlert (Hg.), Institutionalisierte Ungleichheiten. Wie das Bildungswesen Chancen blockiert, 3. Aufl. Weinheim / Basel 2013, S. 23

Wenn die bestehende Wirtschaftsordnung statt sozialer Gerechtigkeit einerseits vermehrt Armut und andererseits immer größeren Reichtum hervorbringt, muss sie diese Ungleichverteilung der gesellschaftlichen Ressourcen und der Lebenschancen für jede/n nachvollziehbar machen, um ihre Akzeptanz in der Bevölkerung nicht zu verlieren. Häufig werden Armut und Reichtum gerechtfertigt, indem man sie als Sachzwang und gesellschaftliches Ordnungsprinzip darstellt. Beispielsweise hält die Wirtschaftsjournalistin Inge Kloepfer nichts von allgemeinen Klagen über steigende Armut, die es schon lange gebe, denn Chancen und Risiken, wie sie eine moderne Leistungsgesellschaft nun einmal mit sich bringe, müssten akzeptiert werden: »Armut oder, besser gesagt, relative Armut ist wahrscheinlich die notwendige Begleiterscheinung einer von ihrer Ausrichtung her meritokratischen Gesellschaft, in der sich ein jeder nach seiner Leistung einen Platz erobert.«[49]

Der französische Ökonom Thomas Piketty spricht von einer »propietaristische(n) und meritokratische(n), den Unternehmergeist beschwörende(n) Erzählung«, die in seinen Worten folgendermaßen lautet: »Die moderne Ungleichheit ist gerecht und angemessen, da sie sich aus einem frei gewählten Verfahren ergibt, in dem jeder nicht nur die gleichen Chancen des Marktzugangs und Eigentumserwerbs hat, sondern überdies ohne sein Zutun von dem Wohlstand profitiert, den die Reichsten akkumulieren, die folglich unternehmerischer, verdienstvoller, nützlicher als alle anderen sind.«[50] Ein sozialdarwinistischer Unterton ist bei diesem neoliberalen Legitimationsmuster also nicht zu überhören.

Gerechtfertigt werden Armut und Reichtum demnach in erster Linie durch eine Ideologie des privaten Eigentums und fiktive oder reale Leistungsunterschiede zwischen den Individuen. Vor allem in jenen Ländern, wo der Neoliberalismus die Hegemonie, d.h. die

49 Inge Kloepfer, Aufstand der Unterschicht. Was auf uns zukommt, Hamburg 2008, S. 281

50 Thomas Piketty, Kapital und Ideologie, München 2020, S. 13

öffentliche Meinungsführerschaft ausübt, gilt Reichtum als verdienter Lohn für »Leistungsträger« und Armut als gerechte Strafe für Leistungsunwillige bzw. -unfähige. Dass die Armut wie eine Drohkulisse, ein Druckmittel und ein Disziplinierungsinstrument wirkt, während der Reichtum aufstiegsorientierten Bevölkerungsgruppen umgekehrt als willkommener Leistungsanreiz, pekuniäres Lockmittel und angemessene Belohnung erscheint, ist für das kapitalistische Wirtschafts- und Gesellschaftssystem ein nicht zu unterschätzender Nutzeffekt der materiellen Ungleichheit. Ungleichheit, Armut und Reichtum erscheinen letztlich als funktional, weil Marktmechanismen sowie Konkurrenz und Leistung geradezu glorifiziert werden. Das bedeutet allerdings weder, dass jeder Mandatsträger oder jedes Regierungsmitglied für die sozioökonomische Ungleichheit verantwortlich, noch gar, dass sie für das bestehende Wirtschafts- und Gesellschaftssystem ungefährlich ist. Armut und Reichtum wirken in dem Moment ausgesprochen dysfunktional, wo sie ein höheres Maß an sozialen Verwerfungen wie Aggressivität, zunehmende Eigentumsdelikte und mehr Suchtkrankheiten erzeugen.

Der Kieler Psychologe Rainer Mausfeld spricht von der Meritokratie als Ideologie einer Leistungsgesellschaft, durch die suggeriert werde, dass die jeweilige soziale Stellung eines Menschen durch seine Begabung und seine (Arbeits-)Leistung bestimmt und die Gesellschaft insofern gerecht sei: »In kapitalistischen Demokratien dient die Ideologie der Meritokratie dazu, den Status quo einer Herrschaft der Besitzenden zu rechtfertigen und die Nicht-Besitzenden zu einer Duldung und Zustimmung zu bringen, indem ihnen die Hoffnung vermittelt wird, dass sie bei genügender Leistung und Anstrengung ihren sozialen Status verbessern könnten.«[51]

Dierk Hirschel, Bereichsleiter Wirtschaftspolitik, Europa und Internationales beim ver.di-Bundesvorstand, hat in seiner Doktorarbeit allerdings überzeugend nachgewiesen, dass die Ent-

51 Rainer Mausfeld, Angst und Macht. Herrschaftstechniken der Angsterzeugung in kapitalistischen Demokratien, 2. Aufl. Frankfurt am Main 2019, S. 36

stehung hoher *Arbeits*einkommen, auf die sich seine empirische Untersuchung konzentriert, mit der »individuellen Leistung«, d.h. entsprechenden Arbeitszeiten, Bildungsqualifikationen oder Berufserfahrung allein nicht zu erklären ist: »Die Sozialstruktur der Gesellschaft, arbeitsplatzgebundene Ursachen sowie Institutionen haben einen stärkeren Einfluss auf die Entstehung hoher Einkommen als persönliche Charakteristika.«[52] Zwar korrelieren individuelle Leistungskomponenten positiv mit der Höhe des Arbeitseinkommens, diese hängt aber stärker von der sozialen Lage und von der sozialen Herkunft ab, wie Hirschels deskriptive und multivariate Analyse bestätigte: »Die Klassen- oder Schichtenlage der Erwerbstätigen prägt ihre Einkommenserzielungschancen.« Einen statistisch signifikanten Zusammenhang ermittelte Hirschel auch beim Geschlecht: »Einkommensreichtum ist ein männliches Phänomen, das nicht auf unterschiedliche geschlechtsspezifische Qualifikationsniveaus zurückgeführt werden kann.«[53]

Selbst einen Reichtum, der das Ergebnis eigener Arbeit ist, hält Christian Neuhäuser für unverdient. »Der Grund lautet einfach, dass es überhaupt nicht verdient sein kann, die Möglichkeit zu besitzen, jemanden in seiner Selbstachtung zu bedrohen oder zu verletzen. Insofern Reichtum jedoch genau diesen Effekt besitzt, kann er auch nicht verdient sein, ganz egal, ob er auf einer eigenen Leistung beruht oder nicht.«[54] Heiner Flassbeck und Paul Steinhardt weisen zudem darauf hin, dass es immer weniger triftige Gründe für große Lohn- und Gehaltsunterschiede gibt, weil heute niemand mehr Leistungen autonom erbringt, sondern bloß noch als Bestandteil einer sich immer stärker arbeitsteilig organisierenden Gesellschaft, d.h. im Zusammenwirken mit zahlreichen anderen Individuen: »Mit zunehmender Arbeitsteilung vermindert sich folglich das ›Recht‹ des Einzelnen, eine bestimmte soziale Stel-

52 Dierk Hirschel, Einkommensreichtum und seine Ursachen, a.a.O., S. 370

53 Ebd., S. 371

54 Christian Neuhäuser, Reichtum als moralisches Problem, a.a.O., S. 219

lung oder ein bestimmtes Einkommen sein ›Eigen‹ zu nennen und gegen umverteilende Zugriffe des Staates mit Zähnen und Klauen zu verteidigen.«[55]

Angesichts der Boni für »raffgierige« Investmentbanker und der hohen Abfindungen für unfähige Manager, die Firmenpleiten herbeigeführt hatten, erkannten besonders in der globalen Finanzkrise 2007/08 zwar immer mehr Menschen, dass es sich bei dem meritokratischen Dogma um einen Mythos oder ein Märchen handelt. Kapitalkräftige »Leistungseliten« oder Gruppen, die sich für solche hielten, vertraten ihre Eigeninteressen nunmehr jedoch noch rücksichtsloser als in der »alten« Bundesrepublik, weil sich die Kräfteverhältnisse zwischen Kapital und Arbeit seit der Vereinigung erheblich zu ihren Gunsten geändert und durch den ständig wachsenden Einfluss des Neoliberalismus ideologische Deutungsmuster an Bedeutung gewonnen hatten, die ihre Privilegien legitimierten.

Folgt man dem Klassifikationsversuch von Patrick Sachweh, konkurrieren im Rahmen der alltagsweltlichen Versuche, die wachsende Ungleichheit zu erklären, drei verschiedene Deutungsmuster, die der Bremer Soziologe »Unvermeidbarkeit«, »Herkunftsbedingtheit« und »Systembedingtheit« nennt. Während die Ungleichheit bei dem ersten Deutungsmuster als unabänderliches, unmittelbar mit der menschlichen Existenz verbundenes Faktum bzw. Fatum erscheint, akzentuiert das zweite Deutungsmuster die Bedeutung der sozialen Herkunft für die Position einer Person im gesellschaftlichen Ungleichheitsgefüge.[56] Wirken diese beiden Deutungsmuster letztlich affirmativ, so beruht das der Systembedingtheit auf einer ungleichheitskritischen Haltung: »Aufgrund seiner stärkeren Bindung an benachteiligte Gruppen ist es aber in seiner Reichweite eingeschränkt und zudem meist auf die Erklä-

55 Heiner Flassbeck / Paul Steinhardt, Gescheiterte Globalisierung, a. a. O., S. 170

56 Vgl. Patrick Sachweh, Deutungsmuster sozialer Ungleichheit. Wahrnehmung und Legitimation gesellschaftlicher Privilegierung und Benachteiligung, Frankfurt am Main / New York 2010, S. 209 und 213

rung der Existenz gesellschaftlicher Benachteiligungen bezogen.«[57] Sachweh hält das in den von ihm rekonstruierten Interpretationsmustern enthaltene Potenzial der Ungleichheitskritik für geringer als die von ihnen ausgehende Legitimationswirkung. Dafür dürften nicht zuletzt Medieneinflüsse verantwortlich sein, denn in den Massenmedien vorherrschende Darstellungen des Problems sind oft ereignisbezogen, bleiben überwiegend auf der Erscheinungsebene und verweisen höchst selten auf seine strukturellen Hintergründe.

Ungleichheit wird im öffentlichen Diskurs der Bundesrepublik eher selten thematisiert, Armut immer noch – hauptsächlich mit dem Hinweis auf Existenznot und Elend in der sog. Dritten bzw. Vierten Welt – verharmlost und Reichtum – beispielsweise durch eine inflationäre Benutzung dieses Begriffs auch für wohlständige Lebenslagen von Normalbürger(inne)n – verschleiert.[58] Zwar ist die Ungleichheit kein deutsches, sondern ein globales Problem, das aber nicht durch einen internationalen und/oder intertemporalen Vergleich relativiert werden darf. Geht es um die zunehmende Einkommens- und Vermögensungleichheit im eigenen Land, fehlt selten ein Satz zur angeblich »viel gravierendere(n) Ungleichheit zwischen den Ländern und Erdteilen«, die auch Jürgen Kocka hervorhebt.[59] Da irrt der Berliner Sozialhistoriker allerdings gewaltig, denn hier wie dort nagen die extrem Armen und Obdachlosen am Hungertuch, weshalb die Ungleichheit dort am größten ist, wo sich der Reichtum am stärksten massiert – in den USA. Zwischen den Ländern kann die sozioökonomische Ungleichheit nicht größer sein als innerhalb dieses Landes, weil sich zwar das allgemeine Wohlstandsniveau ganz erheblich voneinander unterscheidet, die sozialen Gegensätze innerhalb des reichsten Landes aber deutlicher ausgeprägt sind als irgendwo sonst auf der Welt.

---

57 Ebd., S. 285

58 Vgl. hierzu: Christoph Butterwegge, Armut, 5. Aufl. Köln 2021, S. 58 ff.

59 Siehe Jürgen Kocka, Geschichte des Kapitalismus, 3. Aufl. München 2017, S. 126

Meistenteils wird die Differenz zwischen den Durchschnittseinkommen in verschiedenen Weltregionen überschätzt. Aber selbst wenn die Einkommensungleichheit zwischen den Ländern aufgrund der »Ortsabhängigkeit des Wohlstands« größer ist als innerhalb der Länder, wie der serbisch-US-amerikanische Ökonom Branko Milanović konstatiert,[60] stellt sich die Lage beim Vermögen, das viel entscheidender für das Ausmaß der Ungleichheit ist, anders dar. Auf den ersten Blick scheint es zwar so, als würde man Äpfel mit Birnen vergleichen, wenn den Riesen*vermögen* hiesiger Großunternehmer die Mini*einkommen* von Transferleistungsbezieher(inne)n gegenübergestellt werden. Weil das Vermögen der Letzteren aber in aller Regel nicht sehr viel größer ist als ihr Einkommen hoch, hält es der Verfasser trotzdem für legitim, dies zu tun. Schließlich übertrifft das Privatvermögen der reichsten Bundesbürger – in Euro ausgedrückt – das monatliche Einkommen (ohne Miet- und Heizkosten) deutscher Grundsicherungsempfänger/innen, die nur ein geringes »Schonvermögen« besitzen dürfen und als Kleinstrentner/innen oder Langzeiterwerbslose oft sogar überschuldet sind, also ein negatives Vermögen haben, beinahe um das 100-Millionen-Fache. Gegenüber dieser riesigen Kluft fallen die Einkommens- bzw. Vermögensunterschiede zwischen den statusgleichen Bewohner(inne)n unterschiedlicher Kontinente oder von deutschen »Normalbürger(inne)n« und Bewohner(inne)n der Entwicklungsländer moderat aus.

Der französische Ökonom François Bourguignon diagnostiziert im Hinblick auf die globale Ungleichheit seit den 1980er-Jahren einen gegenläufigen Trend: »Die zwischenstaatliche Ungleichheit geht stark zurück, während die durchschnittliche binnenstaatliche Ungleichheit nach lang anhaltender Konstanz wieder zu steigen beginnt.«[61] Außerdem leben die deutschen Armen hier und heute,

60 Siehe Branko Milanović, Die ungleiche Welt. Migration, das Eine Prozent und die Zukunft der Mittelschicht, Berlin 2016, S. 140f.

61 François Bourguignon, Die Globalisierung der Ungleichheit, Hamburg 2013, S. 27

wo sie auch ihren Lebensunterhalt bestreiten müssen, weshalb es ihnen überhaupt nichts nützt, dass Menschen womöglich zu anderen Zeiten und in anderen Ländern noch schlechter dastanden bzw. -stehen. Man muss die Armut vielmehr daran messen, wie viel besser die Lage der sozial Benachteiligten sein könnte, wenn der gesellschaftliche Reichtum gleichmäßiger bzw. gerechter verteilt wäre.

1.4 Durch mehr Gleichheit zum individuellen Glück und zur ökologischen Nachhaltigkeit?

Hyperreichtum erzeugt Ungleichheit, die wiederum den sozialen Frieden untergräbt, die parlamentarische Demokratie gefährdet und den gesellschaftlichen Fortschritt blockiert. Die sozioökonomische Ungleichheit – das zeigen unzählige wissenschaftliche Studien – hindert Milliarden Menschen auf der ganzen Welt am Glücklichsein, beeinträchtigt ihre Lebenschancen und bedroht ihre Gesundheit. »Gleichheit« lautet der nicht minder umstrittene Komplementärbegriff dazu. Er sollte im Zusammenhang mit der Verteilung von Einkommen und (Kapital-)Vermögen viel mehr als bisher verwendet, intensiver diskutiert und in den Vordergrund aller Bemühungen um eine grundlegende Veränderung des kapitalistischen Wirtschafts- und Gesellschaftssystems gerückt werden. Wer die zahlreichen Vorzüge der Gleichheit, die hier zumindest skizziert werden sollen, entweder nicht kennt oder nicht zu schätzen weiß, wird nämlich kaum etwas gegen wachsende sozioökonomische Ungleichheit in Deutschland und anderswo tun.

Gleichheit, Gerechtigkeit und Glück gehören zusammen. Geld allein macht zwar bekanntlich nicht glücklich, aber unter gewissen Voraussetzungen wächst die Lebenszufriedenheit eben doch, wenn ein Mensch über mehr finanzielle Mittel verfügt. Der britische Nationalökonom Richard Layard hat nachgewiesen, dass die Menschen bei steigendem Einkommen bis zu einem bestimmten

Wohlstandsniveau glücklicher werden, dann aber ein Sättigungsgrad eintritt, der dazu führt, dass weitere Einkommenssteigerungen nicht mehr Glücksgefühle auslösen, sondern in dieser Hinsicht nahezu wirkungslos verpuffen.[62]

Die britischen Epidemiologen Richard Wilkinson und Kate Pickett haben in einer vergleichenden Untersuchung hoch entwickelter Industrieländer und der 50 US-Bundesstaaten belegt, dass sich die Mitglieder einer Gesellschaft umso wohler fühlen, je gleichmäßiger deren materieller Reichtum unter ihnen verteilt ist. Je größer die sozioökonomische Gleichheit in einem Land ist, desto weniger soziale und gesundheitliche Probleme treten dort auf.[63] Auch der gesellschaftliche Zusammenhalt, Gemeinsinn und Humanität nehmen mit der Gleichheit zu: »In Gesellschaften mit höherer Ungleichheit sind mehr Menschen dominanzorientiert, in egalitäreren Gesellschaften neigen mehr Menschen zu Empathie und Integration.«[64]

Folgt man Wilkinson und Pickett, brächte ein höheres Maß an sozioökonomischer Gleichheit keineswegs nur Vorteile für Arme, sondern wäre in vielerlei Hinsicht ein Segen für die große Mehrheit der Bevölkerung und die Gesellschaft insgesamt. Das britische Forscherpaar vertritt sogar die Auffassung, dass selbst die reichsten Personengruppen von der Einebnung ökonomischer und sozialer Gräben profitieren würden: »Mehr Gleichheit bringt deutliche Vorteile auch für die Menschen in der obersten Berufsgruppe, auch für das reichste und am besten gebildete Viertel oder Drittel einer Gesellschaft, zu dem dann auch die kleine Minderheit der Superreichen gehört.«[65]

Gleichheit hat überhaupt nichts mit einem notorischen Drang nach Gleichmacherei zu tun, wie von Kritikern des Egalitarismus oft

62 Vgl. Richard Layard, Die glückliche Gesellschaft. Kurswechsel für Politik und Wirtschaft, Frankfurt am Main / New York 2005

63 Vgl. Richard Wilkinson / Kate Pickett, Gleichheit ist Glück. Warum gerechte Gesellschaften für alle besser sind, 3. Aufl. Berlin 2010, S. 34

64 Ebd., S. 195

65 Ebd., S. 213

unterstellt wird, beruht vielmehr auf einem notwendigen sozialen Ausgleich, der verhindert, dass sich Menschen oder ganze Menschengruppen auf Kosten anderer unmäßig bereichern. Selbstverständlich sollen nicht alle Gesellschaftsmitglieder gleich viel oder gleich wenig besitzen. Es muss »nur« gewährleistet sein, dass die Würde der Bevölkerungsmehrheit nicht durch das Übermaß des Reichtums, der Privilegien und der Macht einer kleinen Minderheit verletzt wird.

Der britische Universalhistoriker Eric Hobsbawm hat gegen Ende seiner 1994 erschienenen Weltgeschichte des 20. Jahrhunderts angemerkt, dass es den entwickelten Industrieländern nicht mehr wie zu Zeiten von Adam Smith primär um die Mehrung des Wohlstandes der Nationen gehen dürfe, sondern dass es heute darum gehen müsse, wie man ihn zum Wohle aller Bürger/innen umverteile, und er hat im festen Glauben an die menschliche Vernunft prophezeit: »Soziale Umverteilung und nicht so sehr Wachstum wird die Politik des neuen Jahrtausends bestimmen. Die marktunabhängige Zuteilung von Ressourcen, oder zumindest eine scharfe Beschränkung der marktwirtschaftlichen Verteilung, wird unumgänglich sein, um der drohenden ökologischen Krise die Spitze zu nehmen. Und auf die eine oder andere Weise wird das Schicksal der Menschheit im neuen Jahrtausend vom Wiederaufbau der öffentlichen Institutionen abhängig sein.«[66] Schon damals war Hobsbawm also klar, dass die sozioökonomische Ungleichheit zur globalen Umweltkatastrophe führen muss und dass die zur Rettung der menschlichen Existenzgrundlagen nötige Klimawende sowohl eine Abkehr vom Neoliberalismus wie auch einen verteilungspolitischen Kurswechsel und eine umfassende Stärkung der öffentlichen Daseinsvorsorge (Ausbau der sozialen, Bildungs- und Betreuungsinfrastruktur) erfordert.

Zwar sieht es so aus, als ginge die Gattungsfrage (Sicherung der materiellen Existenzgrundlagen durch Abwendung des Klimakollapses) der sozialen bzw. Klassenfrage (Aufhebung der kapitalistischen

---

66 Eric Hobsbawm, Das Zeitalter der Extreme. Weltgeschichte des 20. Jahrhunderts, München / Wien 1995, S. 711

Ausbeutung und Beseitigung der sozioökonomischen Ungleichheit) voran. Schaut man jedoch genauer hin, wird schnell deutlich, dass nichts ökologische Nachhaltigkeit mehr verhindert als sozioökonomische Ungleichheit. Letztlich beschwört die für den Kapitalismus konstitutive Ungleichheit die ökologische Katastrophe geradezu herauf, weshalb dieses Wirtschafts- und Gesellschaftssystem baldmöglichst überwunden werden muss, damit die Menschheit überleben kann.

Die sozioökonomische Ungleichheit verhindert ökologische Nachhaltigkeit, weil das kapitalistische Wachstumsparadigma sowie die neoliberale Wettbewerbs- und Standortlogik zusammen mit dem übermächtigen Motiv der Profitmaximierung die Zerstörung von Umwelt und Natur zwangsläufig einschließen. Kapitalismus und Klimaschutz passen ebensowenig zusammen wie Kapitalismus und Naturschutz oder Kapitalismus und Umweltschutz. Solange der Kapitalismus existiert und der Neoliberalismus die Wirtschaft in den mächtigsten Staaten der Welt ebenso dominiert wie die meisten übrigen Lebensbereiche, wird es weder ökologische Nachhaltigkeit noch demokratische Selbstbestimmung der großen Bevölkerungsmehrheit geben. Anders formuliert: Ohne mehr sozioökonomische Gleichheit kann es weder Gerechtigkeit noch Frieden mit der Natur geben. »In einem Kontext des Wettbewerbes und der sozialen Ungleichheit ist es wahrscheinlicher, dass ökologische Probleme nicht entschärft werden, sondern früher oder später zu einem Kollaps führen.«[67]

Für den Kölner Sozialwissenschaftler Davide Brocchi kann es keine reale Nachhaltigkeit geben, ohne dass die Systemfrage gestellt wird. Wenn die Ursachen der Umweltzerstörung im bestehenden Wirtschaftssystem liegen, so argumentiert er, müsse dieses selbst hinterfragt werden.[68] Nötig ist deshalb eine umfassende System-, also politische Fundamentalkritik, welche die destruktiven Folgen kapitalistischen Wirtschaftens anprangert und Alternativen

---

67 Davide Brocchi, Nachhaltigkeit und soziale Ungleichheit. Warum es keine Nachhaltigkeit ohne soziale Gerechtigkeit geben kann, Wiesbaden 2019, S. 52

68 Vgl. ebd., S. 53

benennt, die über das bestehende Gesellschaftssystem hinausweisen. Wissenschaftlich fundierte Ansätze, mit deren Hilfe man die Finanzmärkte zügeln, ihre Hauptakteure entmachten und das kapitalistische Wirtschaftssystem auf demokratischem Wege sozialökologisch transformieren kann, gibt es. Am bekanntesten ist das Konzept eines »Green New Deal«, das an den New Deal von US-Präsident Franklin D. Roosevelt zur Bewältigung der Weltwirtschaftskrise 1929/32 anknüpft, aber weit darüber hinausgehen und Perspektiven zur Überwindung des Kapitalismus beinhalten muss.[69]

Mindestens drei Gründe sprechen für ein höheres Maß an sozioökonomischer Gleichheit, wie Jochen Dahm, Thomas Hartmann und Max Ostermayer im Vorwort des von ihnen herausgegebenen Sammelbandes zu diesem Thema feststellen: »Mehr Gleichheit ist *wirtschaftlich richtig*, weil Ungleichheit nachhaltiges Wirtschaftswachstum bremst. Mehr Gleichheit ist auch *politisch notwendig*, wenn sich viele frustriert abwenden oder nach vermeintlich einfachen politischen Alternativen suchen und wenn gleichzeitig die Herrschaft einiger weniger droht. Und mehr Gleichheit ist *sozial gerecht*, da ein zu hohes Maß an Ungleichheit die Teilhabe- und Aufstiegschancen der Menschen und deren individuelle Freiheit beschränkt.«[70] Anders formuliert heißt das im Grunde: Eine gleichmäßigere Verteilung des gesellschaftlichen Reichtums, des Einkommens und des privaten Vermögens am besten in jedem Land der Erde würde sich als sozialer Glücksbringer für die Menschheit erweisen.

---

69 Vgl. Ann Pettifor, Green New Deal. Warum wir können, was wir tun müssen, Hamburg 2020

70 Jochen Dahm / Thomas Hartmann / Max Ostermayer, Vorwort, in: dies. (Hg.), Gleichheit! Wirtschaftlich richtig, politisch notwendig, sozial gerecht, Bonn 2017, S. 18 (Hervorh. im Original)

2.
Ungleichheit als Strukturelement der Klassengesellschaft

Von kaum zu verkennender Bedeutung für die Analyse der sozioökonomischen Ungleichheit ist die Frage, ob sie nur individuell erlebt bzw. erlitten wird oder ob es sich dabei auch um ein Kollektivschicksal handelt. Wäre das Erstere der Fall, könnte man das Verhalten der einzelnen Individuen für ihren sozialen Status verantwortlich machen und sie – wie es beispielsweise Neoliberale und Nationalkonservative tun – zu mehr Privatinitiative, Selbstvorsorge und Eigenverantwortung aufrufen; ist jedoch Letzteres der Fall, sind Eigentums-, Macht- und Herrschaftsverhältnisse für die Spaltung der Gesellschaft in Großgruppen, Klassen und Schichten ausschlaggebend.

Die krasse Ungleichheit der Gegenwart lässt sich nur verstehen unter Rückgriff auf die analytische Schlüsselkategorie der Klasse. Hier werden daher die Klassentheorien von Karl Marx und Friedrich Engels sowie von Max Weber als ihrem wohl prominentesten bürgerlichen Kritiker im Übergang vom 19. zum 20. Jahrhundert dargestellt, um ein Gerüst für die in einem späteren Kapitel erfolgende Analyse der heutigen Ungleichheitsverhältnisse zu schaffen. Anschließend geht es um neuere Klassentheorien und Schichtungskonzepte, mit deren Hilfe die jüngsten, durch Globalisierungs-, Neoliberalisierungs- und Digitalisierungsprozesse ausgelösten Veränderungen des Kapitalismus erfasst werden sollen, ohne dass dies in allen Fällen gelingt.

2.1 Marxens Kritik der politischen Ökonomie, Kapitalismusanalyse und Klassentheorie

Marx und Engels behandelten das Thema »Ungleichheit« nicht als individuelles, sondern als strukturelles Problem und seine Ausprägungen als kollektives Schicksal, das sich in der Klassenstruktur einer Gesellschaft niederschlägt. Sie haben gezeigt, dass die Ungleichverteilung der materiellen Ressourcen im Kapitalismus auf der Klassenungleichheit zwischen Bourgeoisie und Proletariat beruht, die wiederum im Privateigentum an den Produktionsmitteln wurzelt. Für sie repräsentierten soziale Klassen wie keine andere Großgruppe die Ungleichheit in einer Gesellschaft. »Klasse« ist also eine Basiskategorie, mit deren Hilfe sich die Ungleichheit begrifflich fassen und historisch-materialistisch erklären lässt. Klassen und Schichten verkörpern quasi die sozioökonomischen Herrschaftsstrukturen einer Gesellschaft. Dabei bilden sie kein festgefügtes Kollektiv, sondern verändern laufend ihre Zusammensetzung. Von dem Schlüsselbegriff der sozialen Klasse aus erschließt sich denn auch das kompliziertere Schichtgefüge, also die weitere Einteilung bzw. Untergliederung der Gesellschaft in Schichten.

Zwar berücksichtigte die Klassenanalyse von Marx und Engels nicht alle Verästelungen der Sozialstruktur, erhellte jedoch die historischen Entstehungszusammenhänge, ökonomischen Herrschaftsverhältnisse und politischen Machtstrukturen der bürgerlichen Gesellschaft. Klassen repräsentieren die Produktions-, Eigentums- und Herrschaftsverhältnisse einer Gesellschaft, bilden aber nicht bloß deren Sozialstruktur ab, bestimmen vielmehr auch die Richtung und das Tempo des sozialen Wandels. Die soziale Ungleichheit beruht auf der ökonomischen Ungleichheit, welche sich in der Klassenspaltung manifestiert und die das politische Machtgefüge mit historisch kontingenten Brechungen reflektiert.

Für den Jenaer Soziologen Klaus Dörre umfasst die Klassentheorie von Marx und Engels vier Essentials: »*Erstens* beansprucht sie, Ordnung in die chaotische Vielfalt sozialer Ungleichheiten zu bringen, indem sie in der ökonomischen Struktur des Kapitalismus verankerte, empirisch fassbare Klassenlagen beschreibt. *Zweitens* ist der Marxsche Klassenbegriff ein relationaler. Eine Klasse lässt sich nur in ihren Beziehungen zu anderen Klassen definieren. [...] *Drittens* impliziert der Marxsche Klassenbegriff ein besonderes Herrschaftsverhältnis. Obwohl es formell auf Äquivalententausch beruht, bedarf das kapitalistische Ausbeutungsverhältnis zu seiner Reproduktion zusätzlich außerökonomischer, staatlich-politischer Herrschaftsmittel. *Viertens* schließlich dient der Marxsche Klassenbegriff in seiner ursprünglichen Verwendung der Kritik von Klassenherrschaft und gegebenenfalls einer sozialen Mobilisierung zur Aufhebung eben dieser Herrschaft.«[1] Als fünftes Element der Klassentheorie von Marx und Engels ließe sich demnach das Ziel einer klassenlosen Gesellschaft bestimmen, in der sozioökonomische Ungleichheit, Ausbeutung und Unterdrückung beseitigt wären.

Jede auf die Urgesellschaft folgende Gesellschaftsordnung kannte Marx und Engels zufolge unterdrückende und/oder ausbeutende Klassen einerseits sowie ausgebeutete und/oder unterdrückte Klassen andererseits, was zu sozialen Konflikten führen musste, weshalb sie die (schriftlich überlieferte) Geschichte aller bisherigen Gesellschaften in dem Ende 1847 / Anfang 1848 für den Bund der Kommunisten verfassten Manifest als »Geschichte von Klassenkämpfen« bezeichneten.[2] Das kapitalistische Privateigentum fällt nicht vom Himmel, sondern entsteht durch (gewaltsame) Aneignung bzw. durch Enteignung der Mehrwert produzierenden Lohnarbeiter/innen. Das bestehende Wirtschaftssystem basiert auf rechtlicher Gleichheit, aber sozioökonomischer Ungleichheit, die es auch ständig reproduziert. »Soziale Ungleichheit kann zwar mehr oder weniger stark ausgeprägt sein, sie bleibt aber Voraus-

1 Klaus Dörre, Landnahme und soziale Klassen. Zur Relevanz sekundärer Ausbeutung, in: Hans-Günter Thien (Hg.), Klassen im Postfordismus, 2. Aufl. Münster 2011, S. 116 (Hervorh. im Original)

2 Siehe Karl Marx / Friedrich Engels, Manifest der Kommunistischen Partei, in: dies., Werke (MEW), Bd. 4, Berlin (DDR) 1959, S. 462

setzung der kapitalistischen Produktionsweise und sie ist zugleich ihr Ergebnis.«[3]

Marx und Engels zufolge entstehen Klassengesellschaften, wenn sich eine Personengruppe aufgrund ihrer privilegierten Stellung im Prozess der materiellen Produktion das gesellschaftliche Mehrprodukt anzueignen vermag. Waren es früher Freier und Sklave, Patrizier und Plebejer, Baron und Leibeigener, Zunftbürger und Geselle, die sich unversöhnlich gegenüberstanden, so hatten sich die Klassengegensätze im bürgerlichen Zeitalter laut Marx und Engels weiter vereinfacht: »Die ganze Gesellschaft spaltet sich mehr und mehr in zwei große feindliche Lager, in zwei große, einander direkt gegenüberstehende Klassen: Bourgeoisie und Proletariat.«[4]

Das Proletariat bezeichneten die Verfasser des *Kommunistischen Manifests* als »unterste Schicht« der kapitalistischen Gesellschaft, während die herrschenden Schichten ihren »Überbau« bildeten.[5] Schaut man genauer hin, besteht aber weder ein Subordinationsverhältnis noch eine Hierarchie zwischen den Klassen, sowenig beide mit Armut und (in klingender Münze auszurechnendem) Reichtum deckungsgleich sind. Auch scheint es so, als hätten Marx und Engels die Begriffe »Klasse« und »Schicht« als Synonyme gebraucht. Vermieter, Einzelhändler, Pfandleiher und ähnliche Berufsgruppen, die den Lohn der Proletarier vereinnahmten, zählten sie zur Bourgeoisie, deren Kern die Industriellen bildeten. Kleinunternehmer, Mittelständler, Kaufleute, Rentiers, Handwerker und Bauern sanken der Tendenz nach zur Arbeiterklasse herab, die gewissermaßen als Sammelbecken aller Deklassierten fungierte: »So rekrutiert sich das Proletariat aus allen Klassen der Bevölkerung.«[6]

Zu den Proletarier(inne)n gehörten für Marx und Engels auch Be-

3 Sabine Nuss, Keine Enteignung ist auch keine Lösung. Die große Wiederaneignung und das vergiftete Versprechen des Privateigentums, Berlin 2019, S. 70

4 Karl Marx/Friedrich Engels, Manifest der Kommunistischen Partei, a.a.O., S. 463

5 Siehe ebd., S. 472f.

6 Ebd., S. 469

schäftigte höherer Gehaltsstufen, die man heutzutage vermutlich der Mittelschicht zurechnen würde, wie folgendes Zitat aus dem *Manifest* zeigt: »Die Bourgeoisie hat alle bisher ehrwürdigen und mit frommer Scheu betrachteten Tätigkeiten ihres Heiligenscheins entkleidet. Sie hat den Arzt, den Juristen, den Pfaffen, den Poeten, den Mann der Wissenschaft in ihre bezahlten Lohnarbeiter verwandelt.«[7] Offenbar erwarteten Marx und Engels am Vorabend der französischen Februar- und der deutschen Märzrevolution 1848 eine weitere Verarmung der Proletarier, denn sie prognostizierten: »Der moderne Arbeiter [...] sinkt immer tiefer unter die Bedingungen seiner eigenen Klasse herab. Der Arbeiter wird zum Pauper, und der Pauperismus entwickelt sich noch schneller als Bevölkerung und Reichtum. Es tritt hiermit offen hervor, daß die Bourgeoisie unfähig ist, ihrem Sklaven die Existenz selbst innerhalb seiner Sklaverei zu sichern, weil sie gezwungen ist, ihn in eine Lage herabsinken zu lassen, wo sie ihn ernähren muß, statt von ihm ernährt zu werden.«[8] Zwar kam es weder zu einer allgemeinen Pauperisierung des Proletariats, wie sie Marx und Engels mit der Konstruktion einer »Verelendungstheorie« unterstellt wurde – sieht man von den total verelendeten Arbeiter(inne)n der sog. Dritten und Vierten Welt ab –, noch zu einer Proletarisierung der Mittelschicht. Nur ein vulgärmarxistischer Geschichtsdeterminismus kann die Begründer des Marxismus jedoch so missdeuten, als ob kein Raum für eine alternative Sozialstrukturentwicklung geblieben wäre.

Der dritte und letzte Band von Marxens Hauptwerk *Das Kapital*, den Engels 1894 herausgab, endete mit einem unvollendet gebliebenen 52. Kapitel, das den Titel *Die Klassen* trägt und bereits im ersten Absatz von Lohnarbeitern, Kapitalisten und Grundeigentümern als den »drei großen Klassen der modernen, auf der kapitalistischen Produktionsweise beruhenden Gesellschaft« spricht.[9] Anschließend

---

7 Ebd., S. 465

8 Ebd., S. 473

9 Siehe Karl Marx, Das Kapital. Kritik der politischen Ökonomie, Bd. 3, in: MEW, Bd. 25, Berlin (DDR) 1964, S. 892

wies Marx darauf hin, dass sich diese Klassengliederung selbst in England, dem damals entwickeltsten Industriestaat überhaupt, (noch) nicht voll herausgebildet habe und dass es »Mittel- und Übergangsstufen« zwischen den Hauptklassen gebe.

An die Stelle der Gliederung in Stände, wie sie im Feudalismus existierte, war die Einteilung der Gesellschaft in unterschiedliche Klassen getreten. Bourgeoisie und Proletariat personifizierten für Marx den kapitalistischen Grundwiderspruch zwischen dem gesellschaftlichen Charakter der Produktion und der privaten Aneignung des daraus erwachsenden Reichtums. Neben, aber auch zwischen den und innerhalb der drei genannten Hauptklassen der bürgerlichen Gesellschaft gab es Rand-, Übergangs- und Zwischenschichten, die jeweils spezifische und voneinander abweichende Interessen hatten. Die herrschende Bourgeoisie zerfiel in mehrere Kapitalfraktionen, etwa das Handels-, Manufaktur-, Industrie- und Bankkapital sowie die Finanzoligarchie, wie es eine selbstständige und eine lohnabhängige Mittelschicht und neben der Arbeiterklasse das Sub- bzw. »Lumpenproletariat« der Obdachlosen, Bettler/innen und Vagabund(inn)en gab.

Natürlich stellte Marx die Frage, was eine Klasse ausmache bzw. wodurch Lohnarbeiter/innen, Kapitalisten und Grundeigentümer zu den Mitgliedern der drei großen Hauptklassen würden. Nur auf den ersten Blick sei das die Übereinstimmung in Bezug auf ihre Revenuen oder Revenuequellen: »Es sind drei große gesellschaftliche Gruppen, deren Komponenten, die sie bildenden Individuen, resp. von Arbeitslohn, Profit und Grundrente, von der Verwertung ihrer Arbeitskraft, ihres Kapitals und ihres Grundeigentums leben.«[10] Marx gab jedoch zu bedenken, dass unter diesen Voraussetzungen z. B. Ärzte und Beamte zwei weitere Klassen bilden würden, weil sie unterschiedlichen Bevölkerungsgruppen angehören, bei denen die Revenuen ihrer Mitglieder aus derselben Quelle fließen. »Dasselbe gälte für die unendliche Zersplitterung der Interessen und Stellun-

10 Ebd., S. 893

gen, worin die Teilung der gesellschaftlichen Arbeit die Arbeiter wie die Kapitalisten und Grundeigentümer – letztre z.B. in Weinbergsbesitzer, Äckerbesitzer, Waldbesitzer, Bergwerksbesitzer, Fischereibesitzer – spaltet.« An dieser zentralen Textstelle bricht das Marx'sche Manuskript ab.

Die sozioökonomische Ungleichheit hatte für Marx in den Klassengesellschaften systemischen Charakter. Wenn der Strukturzusammenhang von privatkapitalistischer Produktion und klassenspezifischer Distribution, also die Kausalität ungleicher Eigentums- und ungerechter Verteilungsverhältnisse, begriffen wird, erschließt sich auch die Wechselbeziehung zwischen Armut und Reichtum im bestehenden Gesellschaftssystem. Standen beide vorher für sich und getrennt nebeneinander, verband Marx beide durch seine Kritik der politischen Ökonomie miteinander und stellte sie in den gesetzmäßigen Kontext der Kapitalakkumulation. Demnach entsteht Armut durch Reichtum ebenso wie Reichtum durch Armut, weil und insofern die sozioökonomische Ungleichheit in den kapitalistischen Produktionsverhältnissen wurzelt. Marx plädierte für die Abschaffung des Kapitaleigentums, weil es, wie er im April/Mai 1871 anlässlich der Pariser Kommune schrieb, »die Arbeit der vielen in den Reichtum der wenigen verwandelt.«[11]

In der bürgerlichen Gesellschaft sah Marx eine weitere soziale Polarisierung strukturell angelegt, denn er bemerkte, dass die Akkumulation von Kapital mit einer Akkumulation von Not und Elend verbunden sei. Im ersten, 1867 erschienenen Band des *Kapitals* heißt es dazu: »Die Akkumulation von Reichtum auf dem einen Pol ist also zugleich Akkumulation von Elend, Arbeitsqual, Sklaverei, Unwissenheit, Brutalisierung und moralischer Degradation auf dem Gegenpol, d.h. auf seiten der Klasse, die ihr eignes Produkt als Kapital produziert.«[12] Zwar sind die katastrophalen Arbeitsbedingun-

11 Siehe ders., Der Bürgerkrieg in Frankreich. Adresse des Generalrats der Internationalen Arbeiterassoziation, in: MEW, Bd. 17, Berlin (DDR) 1962, S. 342

12 Karl Marx, Das Kapital. Kritik der politischen Ökonomie, Bd. 1, in: MEW, Bd. 23, 11. Aufl. Berlin (DDR) 1962, S. 675

gen und sozialen Verwerfungen, unter denen die Proletarier/innen des frühen Industriezeitalters litten, nicht zuletzt aufgrund harter Kämpfe der Arbeiter- und Gewerkschaftsbewegung heute zumindest hierzulande in den meisten Branchen und Betrieben überwunden, Ausbeutung und Unterdrückung von Lohnarbeiter(inne)n gibt es auf der Welt jedoch nach wie vor zuhauf.

Der französische Soziologe Pierre Bourdieu unterschied gut 100 Jahre später neben dem »ökonomischen Kapital« noch das »soziale« und das »kulturelle Kapital« (sowie als übergeordnete Kategorie das »symbolische Kapital«), um zwischen gesellschaftlichen Großgruppen bestehende Differenzen innerhalb eines mehrdimensionalen Raumes erfassen zu können. Obwohl er das ökonomische Kapital in diesem Zusammenhang unmissverständlich als »dominierende Kapitalform« bezeichnete,[13] ging diese Priorisierung bei seinen Adepten zum größten Teil verloren. Die meisten Bourdieu-Schüler nahmen keine Gewichtung zwischen den drei Sektoren mehr vor, wodurch sie die Grunderkenntnisse der Marx'schen Klassenanalyse aufgaben.

Die bestehenden Produktions- bzw. Eigentumsverhältnisse bringen aufgrund der mit ihnen verbundenen Klassenspaltung eine relativ stabile Macht- und Herrschaftskonstellation hervor. Sie prägen die einzelnen Gesellschaftsklassen, was übrigens auch dann gilt, wenn sich deren Mitglieder ihrer Klassenzugehörigkeit nicht bewusst sind. Aus einer Klasse »an sich« muss nämlich gar nicht erst die Klasse »für sich« werden, damit ihre Mitglieder eine gemeinsame Interessenlage verbindet. Vielmehr entscheiden objektive Kriterien – die Stellung einer Person im ökonomischen Produktions- und Reproduktionsprozess bzw. zum Kapital – darüber, welcher Klasse die/der Betreffende angehört, unabhängig vom subjektiven bzw. Klassenbewusstsein des Individuums sowie des ganzen Kollektivs.

---

13 Siehe Pierre Bourdieu, Ökonomisches Kapital, kulturelles Kapital, soziales Kapital, in: Reinhard Kreckel (Hg.), Soziale Ungleichheiten, Göttingen 1983 (Soziale Welt, Sonderband 2), S. 189

Klassenlagen stiften weder eine Klassenidentität, noch präjudizieren sie die politische Einstellung, wie Klaus Dörre betont: »Selbst wenn sich Großgruppen als soziale Klassen konstituieren, wenn also exklusive soziale Verkehrskreise, Kommunikationsverhältnisse und Wertorientierungen vorhanden sind, die eine bewusste Reflexion von Klasseninteressen überhaupt erst ermöglichen, bedarf es der aktiven Vermittlung politischer Überzeugungen durch soziale Bewegungen, Parteien oder Gewerkschaften, um halbwegs kohärente Beziehungen zwischen Klassenlagen auf der einen sowie gewerkschaftlichen und politischen Organisationen auf der anderen Seite herzustellen.«[14] Wenn die Letzteren als Katalysatoren wirken, kann aus einer trotz klassenspezifischer Ungleichheit und sozialer Unsicherheit »demobilisierten« Arbeiterklasse, die sich weder ihrer kollektiven Ausbeutung durch die private Aneignung von Mehrwert noch der Ursachen für ihre subalterne Stellung in der bürgerlichen Gesellschaft bewusst ist, eine »mobilisierte Klasse« werden.

2.2 Max Webers modifizierter Klassenbegriff: Märkte als Quelle der Ungleichheit?

Der Heidelberger Jurist, Historiker, Nationalökonom und Soziologe Max Weber unterschied in seinem 1922 posthum erschienenen Hauptwerk *Wirtschaft und Gesellschaft* zwischen der Wirtschaftsordnung, welche die »Klassen« beherbergt, der sozialen Ordnung, wo es um die Verteilung der »Ehre« geht und die »Stände« beheimatet sind, sowie einer Sphäre der Macht, wo die nach Einfluss auf das Gemeinschaftshandeln strebenden »Parteien« – gemeint waren damit jedoch nicht bloß politische Vereinigungen und Interessenverbände, sondern auch gesellige Zusammenschlüsse wie Vereine

14 Klaus Dörre, Demokratische Klassenpolitik – eine Antwort auf den Rechtspopulismus, in: Christoph Butterwegge / Gudrun Hentges / Bettina Lösch (Hg.), Auf dem Weg in eine andere Republik? – Neoliberalismus, Standortnationalismus und Rechtspopulismus, Weinheim / Basel 2018, S. 124

und private Klubs – zu Hause sind. »Klasse« nannte Weber eine Personengruppe, deren Mitglieder sich in einer gemeinsamen Klassenlage befinden. Darunter verstand er die typische Chance der Güterversorgung, der äußeren Lebensstellung bzw. des inneren Lebensschicksals, welche aus Maß und Art der Verfügungsgewalt (oder des Fehlens einer solchen) über Güter oder Leistungsqualifikationen und aus der gegebenen Art ihrer Verwertbarkeit für die Erzielung von Einkommen oder Einkünften innerhalb einer gegebenen Wirtschaftsordnung folgt.[15] »Wir wollen da von einer ›Klasse‹ reden«, schrieb Weber erläuternd, »wo 1. einer Mehrzahl von Menschen eine spezifische ursächliche Komponente ihrer Lebenschancen gemeinsam ist, soweit 2. diese Komponente lediglich durch ökonomische Güterbesitz- und Erwerbsinteressen und zwar 3. unter den Bedingungen des (Güter- oder Arbeits-)Markts dargestellt wird (›Klassenlage‹).«[16]

Weber differenzierte zwischen »Erwerbsklassen«, bei denen die Klassenlage in erster Linie durch die Chancen der Marktverwertung von Gütern oder Leistungen bestimmt wird, und »Besitzklassen«, bei denen hauptsächlich Besitzunterschiede die Klassenlage bestimmen. Letztere unterteilte er noch einmal in »positiv privilegierte Besitzklassen«, z. B. Rentiers im weitesten Sinne (Sklaven-, Boden- und Bergwerksbesitzer, Aktionäre und Gläubiger), sowie in »negativ privilegierte Besitzklassen«, z. B. Leibeigene, Deklassierte, Verschuldete und Arme.[17]

Damit unterstellte Weber in Abgrenzung von Marx, dass Ungleichheit nicht durch die Ausbeutung von Lohnarbeiter(inne)n im Produktionsprozess, sondern erst durch die nachgelagerten Tauschvorgänge auf den Märkten entsteht. Webers theoretischer Ansatz versagt im Hinblick auf strukturell bedingte Abhängigkeitsverhältnisse: »Wenn individuelle Qualifikationen und persönliche Anstrengungen

15 Max Weber, Wirtschaft und Gesellschaft (Grundriß der Sozialökonomik, III. Abteilung), Tübingen 1922, S. 177

16 Ebd., S. 632

17 Siehe ebd., S. 177 f.

im freien Markt über die Klassenlage entscheiden, kann von Ausbeutung nicht mehr die Rede sein.«[18] Dementsprechend gibt es Weber zufolge auch keine gemeinsamen ökonomischen Interessen einer (arbeitenden) Klasse, wie der Tübinger Soziologe Martin Groß bemerkt.

Natürlich ist Besitz nicht gleich Besitz, Qualität und Quantität des Vermögens sind vielmehr von ausschlaggebender Bedeutung. Weber äußerte sich jedoch weder zur Art noch zur Höhe des Besitzes, der die Klassenlage bestimmt. Selbst wenn man von der Größe des Besitzes als einem wichtigen Kriterium absieht, ist es nicht gleichgültig, ob es sich um Geldvermögen (z.B. Staatsanleihen und Kommunalobligationen), um Grundvermögen (z.B. Ackerland) oder um Kapitalvermögen (Unternehmen bzw. Unternehmensanteile) handelt. Kapitaleigentümer entscheiden nämlich über das Wohl und Wehe der Beschäftigten wie ihrer Familien, aber letzten Endes auch über die Entwicklung von Wirtschaft und Gesellschaft – selbst dann, wenn sie auf deren Geschicke nicht aktiv politisch Einfluss zu nehmen suchen. Auch dürfte die Abgrenzung zwischen »Besitz-« und »Erwerbsklassen« heute schwerer fallen als zu Webers Lebzeiten, weil hohe Erwerbseinkommen in Teilen der Mittelschicht häufiger mit Kapitaleigentum in einem gewissen Umfang einhergehen. Unterbelichtet blieb bei Weber die Binnengliederung der einzelnen Klassen ebenso wie deren Stellung zueinander.

»Besitz« und »Erwerb« bildeten für Weber die beiden Pole des Klassenspektrums und wichtige Determinanten der Sozialstruktur. »Dazwischen stehen die ›Mittelstandsklassen‹, welche die mit Besitz oder Erziehungsqualitäten ausgestatteten, daraus ihren Erwerb ziehenden Schichten aller Art umfassen. Einige von ihnen *können* ›Erwerbsklassen‹ sein (Unternehmer mit wesentlich positiver, Proletarier mit negativer Privilegierung). Aber nicht alle (Bauern, Handwerker, Beamte) sind es.«[19] Ein revolutionäres Potenzial er-

18 Martin Groß, Klassen, Schichten, Mobilität. Eine Einführung, 2. Aufl. Wiesbaden 2015, S. 32

19 Max Weber, Wirtschaft und Gesellschaft, a.a.O., S. 178 (Hervorh. im Original)

wuchs für Weber allerdings nicht aus dem Gegensatz zwischen Besitz- und Erwerbsklassen, sondern aus dem »Besitzklassengegensatz« zwischen den positiv und den negativ privilegierten Schichten (z. B. Gläubigern und Schuldnern oder Bodenrentnern und Deklassierten). Wenn es zu »Besitzklassenrevolutionen« von Deklassierten komme, bezweckten diese laut Weber nicht zwangsläufig eine Änderung der Wirtschaftsverfassung, sondern primär eine Änderung der Besitzausstattung und -verteilung.

Als grundlegend für die Sozialstruktur erachtete Weber die Verteilung der Verfügungsgewalt über sächlichen Besitz innerhalb einer sich auf dem Finanz-, Güter- oder Arbeitsmarkt zum Zweck des Tausches begegnenden und miteinander konkurrierenden Menschengruppe. »Besitz« und »Besitzlosigkeit« bildeten für ihn die Extrempositionen sämtlicher Klassenlagen, sei es, dass diese im Preis- oder sei es, dass sie im Konkurrenzkampf wirksam würden. Da die Art der Chance auf dem Markt das Schicksal der Angehörigen einer Klasse determiniere, sei die Klassenlage letztlich identisch mit der Marktlage, meinte Weber. Weil der Markt für ihn die »Schlüsselinstitution der Klassenbildung« darstellte, müssten Marktwirtschaften eigentlich per definitionem Klassengesellschaften sein, während Sklavenhalter- und Feudalgesellschaften keine solchen sein könnten.[20]

Nicht erst der Arbeitsmarkt verurteilt den Paketzusteller, seinen Lebensunterhalt mit einem prekären Beschäftigungsverhältnis und einem skandalös niedrigen Lohn bestreiten zu müssen, sondern der Ausschluss von den Produktionsmitteln durch das kapitalistische Privateigentum bildet die eigentliche Quelle seiner Unterprivilegierung und Ausbeutung. Würde ihm die Logistikfirma gehören, für die er arbeitet, wäre auch seine geringe Qualifikation kein entscheidendes Handicap im Kampf um einen hohen sozialen Status. Der Marx'sche Klassenbegriff lenkt die Aufmerksamkeit auf die Existenz eines Ausbeutungsverhältnisses, was ihn vom Weber'schen und von Schichtkonzepten unterscheidet: »Strukturell verankerte Ausbeu-

20 Siehe Jürgen Ritsert, Soziale Klassen, Münster 1998, S. 80

tungsverhältnisse erzeugen latente antagonistische Interessen, die ihrerseits als Ausgangspunkt des Klassenkonflikts und damit des sozialen Wandels betrachtet werden können.«[21]

Märkte erzeugen die Ungleichheit nicht, sondern machen sie nur deutlicher erkennbar. Auf ihnen agieren Wirtschaftssubjekte, deren Stellung im kapitalistischen Produktions- und Reproduktionsprozess letztlich für ihre Handlungsspielräume ausschlaggebend ist, mit unterschiedlicher Kaufkraft bzw. unterschiedlichem Machtpotenzial als Nachfrager/innen und Anbieter/innen. Webers marktfixierte Klassentypologie ignoriert nicht bloß die Stellung der einzelnen Personen in der materiellen Produktion, sondern auch die qualitativen Unterschiede zwischen den einzelnen Märkten: Dass sich jemand als »Arbeitskraftbesitzer« auf einem schwierigen regionalen Arbeitsmarkt behaupten und um seinen Lebensunterhalt fürchten muss, weil er gesundheitliche oder psychische Beeinträchtigungen aufweist, ist nicht damit vergleichbar, dass jemand als Unternehmer, der hochwertige Gebrauchsgüter auf einem Warenmarkt anbietet, Absatzschwierigkeiten wegen einer Konsumflaute hat. Auf diese Weise verwischt Webers Klassenbegriff die sozialen Grenzen zwischen dem Bürgertum und der Arbeiterklasse. Denn lohnabhängig Beschäftigte bilden für ihn gemeinsam mit aktiven Unternehmern bzw. fungierenden Kapitalisten eine Erwerbsklasse, obwohl Welten sie trennen. Daran ändert nichts, dass Weber sie in positiv und negativ Privilegierte unterteilte.

Als »soziale Klasse« bezeichnete Weber die Gesamtheit derjenigen Klassenlagen, zwischen denen ein Wechsel entweder persönlich oder in der Generationenfolge leicht möglich ist und typischerweise stattfindet.[22] Weber verknüpfte diese Kategorie eng mit der sozialen Mobilität, also der Möglichkeit des individuellen Auf- und Abstiegs innerhalb der gesellschaftlichen Hierarchie. Warum er den Begriff »soziale Klasse« derart eng gefasst hat, statt ihn – wie Marx und En-

---

21 Martin Groß, Klassen, Schichten, Mobilität, a. a. O., S. 238

22 Vgl. Max Weber, Wirtschaft und Gesellschaft, a. a. O., S. 177

gels – als strukturanalytischen Oberbegriff zu verwenden, ist nicht recht einsichtig.

Geht es den Mitgliedern einer Klasse laut Weber primär um die Verwertung der Macht ihres Besitzes auf dem Markt, so wirkten (Berufs-)Stände für ihn als Hemmschuh einer lupenreinen Durchsetzung des Marktprinzips, weil sie sich nicht nach den Beziehungen ihrer Mitglieder zur Produktion und zum Gütererwerb, vielmehr nach den Prinzipien ihres Güterkonsums hinsichtlich einer spezifischen Art der Lebensführung gliedern.[23] Unter einem Stand, dem Mitglieder unterschiedlicher Klassen, also Besitzende wie Besitzlose, angehören können, versteht Weber im Unterschied zur Klasse eine Gemeinschaft, die jedoch oft amorpher Art sei: »Im Gegensatz zur rein ökonomisch bestimmten ›Klassenlage‹ wollen wir als ›ständische Lage‹ bezeichnen jede typische Komponente des Lebensschicksals von Menschen, welche durch eine spezifische, positive oder negative, soziale Einschätzung der ›Ehre‹ bedingt ist, die sich an irgendeine gemeinsame Eigenschaft vieler knüpft.«[24]

Stände waren für Weber im Unterschied zu Marx nicht bloß Überbleibsel früherer Gesellschaftsformationen, sondern ausgesprochen beständig, bilden sie doch als Pendant der Klassen nach seiner Überzeugung ein wichtiges Strukturelement jeder Gesellschaftsordnung. Kasten schließlich waren für Weber die extremste, auf totale Schließung bedachte Form des Standes. Eine gewisse Stabilität der Grundlagen von Gütererwerb und -verteilung begünstigt laut Weber die ständische Gliederung, welche besonders im Altertum und im Mittelalter eine zentrale Rolle spielte, als privilegierte Bevölkerungsgruppen fast jede Art direkter Erwerbsbeteiligung für anrüchig hielten. In den Zeiten raschen technisch-ökonomischen Wandels rückt hingegen die Klassenlage in den Vordergrund.

---

23 Vgl. ebd., S. 634 und 639

24 Ebd., S. 635

Während die Klassenbildung bei Marx und Engels im Bereich der materiellen Produktion wurzelte, konzentrierte sich Webers Sozialstrukturanalyse auf die Verhältnisse im Bereich der Zirkulation, der Distribution und der Konsumtion, was die Lebensstile der einzelnen Stände betrifft. Sowohl die Zirkulation wie auch Distribution und Konsumtion sind aber der Produktion als erster Phase des ökonomischen Reproduktionsprozesses nach- bzw. untergeordnet. Vielleicht liegt hier der Grund dafür, dass Marxens Klassenbegriff zwar weniger komplex, differenziert und kompliziert, bei näherer Betrachtung aber tiefgründiger und inhaltlich fundierter als der Webers erscheint. Somit überzeugt die Marx'sche Klassentheorie mehr als die Weber'sche, weil der Ursprung des Profits nicht im Tausch liegen kann, der Gewinn vielmehr in der Produktion wurzeln muss: »Dass manche systematisch Gewinne erzielen, indem sie günstig einkaufen und teuer verkaufen, ist nur möglich, wenn irgendwo in der Wirtschaft ein Güterüberschuss produziert wird.«[25]

2.3 Machteliten und Elitenherrschaft in neueren Klassentheorien

Klassentheorien unterscheiden sich von Schichtkonzepten in erster Linie dadurch, dass sie die bestehenden Strukturen der sozialen Ungleichheit erklären und nicht bloß deskriptiv erfassen, d. h. nur beschreiben. »Klassenkonzepte wollen das Zustandekommen sozialer Ungleichheit, kollektives Handeln und sozialen Wandel erklären, und nehmen dabei eine gesellschaftskritische Perspektive ein.«[26] Letztere geht verloren, wenn man die Analyse der Sozialstruktur einer Gesellschaft auf individuelle Leistungsmerkmale wie den Beruf, das Einkommen oder den Bildungsgrad, auf Mentalitäten und

25 Andrew Sayer, Warum wir uns die Reichen nicht leisten können, München 2017, S. 101

26 Martin Groß, Klassen, Schichten, Mobilität, a. a. O., S. 42

auf subjektive Momente verkürzt, welche die Mitglieder von Großgruppen teilen.

Eine an Marx und Engels statt an Weber orientierte Klassenanalyse, die auch in Zukunft aktuell bleibt, zeichnet aus, dass Gesellschaftsklassen nicht bloß bestimmte Herrschaftsverhältnisse widerspiegeln, sondern auch in bestimmten Produktionsverhältnissen wurzeln. Ob jemand einer bestimmten Klasse angehört, ist folglich kein Zufall, sondern liegt in der ökonomischen Grundstruktur jener Gesellschaft begründet, der er angehört. Während eine (marxistische) Klassenanalyse die als Gesellschaftsklassen identifizierten Großgruppen der Bevölkerung eines Landes ihrer Stellung im ökonomischen Produktions- und Reproduktionsprozess entsprechend horizontal ordnet, konstruiert die Schichtungssoziologie eine Hierarchie von Sozialschichten. Wegen ihrer analog gewählten Schlüsselkategorie geht die Schichtungssoziologie wie die Geologie vor. Während diese Gesteinsformationen untersucht, deren übereinander liegende Schichten sie freilegt, analysiert jene Sozialstrukturen, wobei eine soziale Rangordnung entsteht, die meist eine Unter-, Mittel- und Oberschicht umfasst.

Reichtum ist zwar nicht in dem Sinne mit kapitalistischer Herrschaftsausübung gleichzusetzen, dass jeder Reiche über genauso starke Macht- wie Finanzmittel verfügt. Kapital wirft für seine Eigentümer den Profit ab und steigert ihren Reichtum, ermöglicht ihnen aber auch die Entfaltung ökonomischer und politischer Macht. »Reichtum ist die Watte, in welche die herrschende Klasse der Moderne gepackt ist, und er ist der Kraftstoff, der ihre Herrschaft antreibt.«[27] Zumindest wer sehr reich an Kapital ist, ist gleich in mehrfacher Hinsicht einflussreich, sofern er sich darum bemüht. Der britische Soziologe Tom B. Bottomore hat die politischen Einflussmöglichkeiten von (Kapital-)Reichen in süffisanter Weise beschrieben: »Für den Reichen mag es zwar schwer sein, ins Himmelreich zu

27 Hans Jürgen Krysmanski, Hirten & Wölfe. Wie Geld- und Machteliten sich die Welt aneignen, 2. Aufl. Münster 2009, S. 136

kommen, aber zu den höheren Ausschüssen einer politischen Partei oder zu einer Regierungspartei wird er relativ leicht Zugang finden. Er kann das politische Leben außerdem noch auf andere Weise beeinflussen: durch die Kontrolle von Kommunikationsmitteln, durch Anknüpfung von Beziehungen zu höheren politischen Kreisen, durch maßgebliche Beteiligung an pressure groups und beratenden Körperschaften dieser oder jener Art.«[28]

Von dem italienischen Rechts- und Sozialwissenschaftler Gaetano Mosca übernahm Bottomore den Begriff »politische Klasse« zur Kennzeichnung jener Gruppen in der Gesellschaft, die politische Macht oder politischen Einfluss ausüben und sich am Kampf um die Führung der Regierungsgeschäfte beteiligen; innerhalb der politischen Klasse unterschied Bottomore noch einmal die politische Elite als eine kleinere Gruppe, deren Mitglieder faktisch die politische Macht in Händen halten.[29] Sie umfasst Regierungsmitglieder und die höchsten Verwaltungsbeamten, Militärbefehlshaber, teilweise auch politisch bedeutsame Familien aus den nobelsten Kreisen und Leiter mächtiger Wirtschaftsunternehmen. Die politische Klasse wiederum besteht aus mehreren Gruppen, die kooperieren, miteinander um die Macht konkurrieren oder einander bekämpfen. Sinn macht der Elitebegriff nur, wenn er im Plural verwendet und nicht gegen Marxens Terminus der herrschenden Klasse ausgespielt wird.

C. Wright Mills, der sich ebenfalls an der Marx'schen Klassentheorie orientierte, ohne den Begriff »herrschende Klasse« zu verwenden, unterschied in seinem 1956 erschienenen Hauptwerk *The Power Elite* zwischen einer »Funktions-« und einer »Machtelite«. Letztere rekrutierte sich während des Kalten Krieges in den USA nach seiner Meinung aus den Inhabern von Schlüsselpositionen in Wirtschaft, Politik und Militär: »In unserer Gesellschaftsstruktur

28 T. B. Bottomore, Elite und Gesellschaft. Eine Übersicht über die Entwicklung des Eliteproblems, München 1966, S. 126

29 Vgl. dazu und zum Folgenden: ebd., S. 14 f.

nehmen sie die strategisch wichtigen Kommandostellen ein. Sie verfügen damit auch über alle Mittel, von der Macht, dem Reichtum und der Prominenz, deren sie sich erfreuen, wirksam Gebrauch zu machen.«[30]

Der von Mills verwendete Terminus »Machtelite« muss allerdings keinen Ersatz für den marxistischen Schlüsselbegriff der herrschenden Klasse bilden, sondern kann auch eine sinnvolle Ergänzung sein, die recht gut veranschaulicht, wie die bürgerliche Klassenherrschaft in politische Entscheidungsmacht transformiert wird. Mills inspirierte einen als »Machtstrukturanalyse« (Power Structure Research) bekannten Forschungsansatz, der die Verteilung der Macht generierenden Ressourcen und die Netzwerke ihrer Träger systematisch untersucht. Der verstorbene Münsteraner Soziologe Hans Jürgen Krysmanski stand in der Tradition dieses aus den USA stammenden Konzepts. Nach seiner Überzeugung hat sich in jüngster Zeit ein »Geldmachtkomplex« herausgebildet, der es den (Multi-)Milliardären ermöglicht, ihr eigenes Imperium zu errichten: »Unter dem Banner des Neoliberalismus ist ein Geldmachtapparat entstanden, welcher unternehmerische Eigentumsoperationen, die Generierung von Einkommen aus allen möglichen Quellen (insbesondere den Finanzmärkten), die Vererbung und auch den Raub in einen abgestimmten und vermachteten, netzwerkartigen Zusammenhang bringt.«[31]

Diesem harten Kern der Kapitalmacht zu- bzw. untergeordnet sind die »Konzern- und Finanzeliten«, zu denen die Spitzenmanager der Großunternehmen verschiedener Wirtschaftsbereiche gehören. Den nächsten Funktionsring bilden laut Krysmanski die »politischen Eliten«, denen Lobbyismus und Korruption zusetzen. Ganz außen umgeben sie »Funktions- und Wissenseliten« der unterschiedlichsten Art, die für den Erhalt des Gesamtsystems

30 C. Wright Mills, Die Machtelite, Frankfurt am Main 2019, S. 49

31 Hans Jürgen Krysmanski, 0,1 Prozent. Das Imperium der Milliardäre, Frankfurt am Main 2015, S. 59

ebenfalls unerlässlich sind, weil sie es verwalten und die übergroße Bevölkerungsmehrheit als »Wohlfühleliten« der Medien, der Kultur und des Sports unterhalten. Investoren, Anteilseigner und für sie im »Dienstklassenstatus« tätige Funktionsträger sind Teil eines Systems konzentrischer Kreise, deren Mittelpunkt die Spitze der Reichtumspyramide bildet. »Was sie verbindet, ist die Maxime der kurzfristigen Gewinnsteigerung auf der Basis der neoliberalen Ideologie.«[32]

Auch der Darmstädter Soziologe Michael Hartmann rückt die Eliten in den Fokus, d.h. Personen, die qua Amt und/oder großem Vermögen in der Lage sind, gesellschaftliche Entwicklungen maßgeblich zu beeinflussen: »Der zentrale Maßstab für die Zugehörigkeit zu einer Elite ist daher die Macht, über die eine Person verfügt.«[33] Macht wiederum resultiert aus einer hervorgehobenen Stellung in einem Wirtschaftsverband, einer Partei bzw. einer mitgliederstarken Organisation – oder aus übermäßigem (Kapital-) Reichtum. »Entweder steht man an der Spitze großer, einflussreicher Organisationen und/oder man verfügt über viel Kapital. Kapital – und nicht einfach Geld – ist in dieser Beziehung wichtig; denn Kapital verleiht Macht, Geld allein nicht.«[34]

Obwohl es weiterhin bürgerliche, proletarische und proletaroide Klassenlagen gibt, behauptet heute sicher niemand mehr, dass es bloß zwei personell klar voneinander getrennte Gesellschaftsklassen – Bourgeoisie und Proletariat – ohne diverse Übergangs-, Zwischen- und Randschichten gebe, oder gar, dass es politisch zur Entscheidungsschlacht um die Klassenherrschaft rüste. Zumindest was die theoretischen Grundlagen seiner Analyse der Klassengesellschaft betrifft, ist Marx jedoch weder inhaltlich oder methodisch widerlegt, noch muss sie durch einen alternativen Erklärungsansatz überwunden werden. Nur wenn man in Klassenverhältnissen

---

32 Ebd., S. 40

33 Michael Hartmann, Die Abgehobenen. Wie die Eliten die Demokratie gefährden, Frankfurt am Main / New York 2018, S. 33

34 Ebd., S. 35

denkt, werden Armut oder sozialer Abstieg als kollektives Schicksal begriffen, das strukturelle Ursachen hat, und nicht als individuelles Versagen der Betroffenen missdeutet. Auch die Notwendigkeit der Überwindung eines Herrschaftssystems, das permanent sozioökonomische Ungleichheit erzeugt, und die Bündnismöglichkeiten seiner Hauptgegner/innen erschließen sich erst durch eine historisch-materialistische Klassenanalyse.

Werner Hübinger hat zu Recht darauf hingewiesen, dass Ansätze wie das in der Armutsforschung bewährte Konzept der Lebenslagen (mit Bildung und Kultur, Gesundheit, Wohnen und Wohnumfeld, Freizeitgestaltung und Sport als Dimensionen) den Klassen- und Schichtbegriff nicht ersetzen können: »Bei theoretischen und empirischen Fragestellungen sind diese beiden auf die Makroebene der Gesellschaft zielenden Begriffe weiterhin durchaus sinnvoll zu verwenden. Sie sind geeignet, die sozio-ökonomische Struktur der Gesellschaft (eher großflächig) zu gliedern, und beschreiben zentrale Strukturierungsprinzipien moderner kapitalistischer Gesellschaften.«[35] Hingegen können Lebenslagen als Ausdifferenzierung sozialer Schichten bzw. Klassenlagen angesehen werden und beschreiben laut Hübinger die soziale Mikroebene, weil sich darin der soziale Mikrokosmos manifestiere, dessen spezifische Ausformung aber nur durch die globalen sozialstrukturellen Gegebenheiten und Entwicklungsprozesse (Klassenlagen, Statuszuweisung, soziale und berufliche Platzierung) erklärbar sei.

Eine kritische Gesellschaftstheorie, die auf der Höhe ihrer Zeit sein will, kommt nicht ohne den Klassen- und den Schichtbegriff aus. Der Münsteraner Soziologe Hans-Günter Thien hat die wichtigsten Veröffentlichungen zur Klassentheorie aus den vergangenen 50 Jahren gesichtet, ohne dabei allerdings auf einen Ansatz gestoßen zu sein, der die »Neuzusammensetzung« der arbeitenden Klasse – er nennt sie die Klasse der Lohnarbeiter/innen – und die

35 Werner Hübinger, Prekärer Wohlstand. Neue Befunde zu Armut und sozialer Ungleichheit, Freiburg im Breisgau 1996, S. 49

Kräfteverschiebungen innerhalb der herrschenden Klasse überzeugend erfasst.[36] Thien stellen sich deshalb nach seiner umfangreichen Literaturrecherche mehr Fragen zur Sozialstrukturanalyse, als er zu beantworten vermag. Auch der Heidelberger Soziologe Thomas Schwinn konstatiert in seinem Einführungsband zu diesem Themenkreis, die Theorie sozialer Ungleichheit habe »seit den Klassikern der Soziologie keine großen Fortschritte zu verzeichnen.«[37]

Klaus Dörre vertrat in einem Beitrag für den von Thien herausgegebenen Sammelband *Klassen im Postfordismus* die These, dass sich in der Bundesrepublik der Übergang von einer »fordistisch pazifizierten« zu einer »stärker polarisierten Klassengesellschaft« vollziehe: »Triebkraft dieser Entwicklung ist eine finanzkapitalistisch getriebene Landnahme, die das Konkurrenzprinzip des gewinnorientierten privaten Sektors auf mehr oder minder alle gesellschaftlichen Bereiche auszudehnen sucht und die so zum Katalysator einer Neustrukturierung der Klassenverhältnisse geworden ist.«[38] Mit dem, was Dörre unter Rückgriff auf einen Terminus, der sich mit ähnlicher Konnotation bei Karl Marx, Rosa Luxemburg, Hannah Arendt und Burkart Lutz findet, als »Landnahme« charakterisiert, ist nichts anderes gemeint als der einem kapitalistischen Wirtschaftssystem zwangsläufig immanente Expansionsdrang, welcher für dessen bewunderte Entwicklungsdynamik, aber letztlich auch für dessen politische Instabilität verantwortlich ist.

Zuletzt galt dies etwa für den fortschreitenden Prozess einer Ökonomisierung bzw. Kommerzialisierung aller Lebensbereiche, der Privatisierung öffentlicher Unternehmen und der Flexibilisierung bzw. Liberalisierung von Märkten im Rahmen der Globalisierung, die besser als neoliberale Modernisierung bezeich-

36 Siehe Hans-Günter Thien, Klassentheorien – die letzten 50 Jahre, in: PROKLA 175 (2014), S. 184 und passim

37 Siehe Thomas Schwinn, Soziale Ungleichheit, Bielefeld 2007, S. 5

38 Klaus Dörre, Landnahme und soziale Klassen, a. a. O., S. 115

net würde. »Ökonomisierung meint [...] die der kapitalistischen Marktwirtschaft innewohnende Tendenz der gesellschaftlichen ›Landnahme‹ (Lutz) durch die Prinzipien der Kapitalverwertung bzw. des Rentabilitätskalküls, selbst dort, wo kein Kapital verwertet wird.«[39] Eine moderne Form der Kapitalexpansion ist die Finanzialisierung, d.h. die Okkupation der Finanzmärkte durch rücksichtslos handelnde Großinvestoren mit ihren extrem hohen Renditeerwartungen.

Seit mehreren Jahren treibt Rainer Mausfeld die Frage um, wie es den heutigen Machteliten gelingt, die Massenakzeptanz für das neoliberale Wirtschafts- und Gesellschaftsmodell zu sichern. Mausfeld führt die relative Stabilität der kapitalistischen Elitenherrschaft auf zwei Säulen zurück. Erstens würden institutionelle und konstitutionelle Strukturen geschaffen, welche die bestehenden Machtverhältnisse stabilisierten und den Besitzenden schadende Umverteilungsprozesse einem demokratischen Zugriff entzögen. Zu diesem Zweck würden demokratische Strukturen entweder beseitigt oder bis zur Unwirksamkeit inhaltlich ausgehöhlt. Durch einen geeigneten Rechtsrahmen werde die Umwandlung ökonomischer in politische Macht ermöglicht und der etablierte Umverteilungsmechanismus zementiert. »Die organisierte Kriminalität der besitzenden Klasse wird durch eine solche Verrechtlichung nicht nur legalisiert, sondern auch zeitlich verfestigt und gegen mögliche demokratische Eingriffe abgedichtet.«[40] Zweitens würden Manipulationstechniken entwickelt, die das gesellschaftliche Leben des Menschen in seiner Rolle als politisch apathischer Konsument aufgehen ließen. Mausfeld zufolge stellt das parlamentarische Repräsentativsystem eine für die Machteliten ideale Herrschaftsform dar, weil es zwar per-

39 Hagen Kühn, Die Ökonomisierungstendenz in der medizinischen Versorgung, in: Gine Elsner / Thomas Gerlinger / Klaus Stegmüller (Hg.), Markt versus Solidarität. Gesundheitspolitik im deregulierten Kapitalismus, Hamburg 2004, S. 29

40 Rainer Mausfeld, Warum schweigen die Lämmer? – Wie Elitendemokratie und Neoliberalismus unsere Gesellschaft und unsere Lebensgrundlagen zerstören, 3. Aufl. Frankfurt am Main 2019, S. 17

sonellen Wandel zulässt, aber nur auf dem Boden der bestehenden Elitendemokratie, die nicht mehr umkämpft sei: »Die repräsentative Demokratie hat für die eigentlichen Zentren politischer Macht den Vorteil, dass die gesamte Veränderungsenergie des Volkes in der Wahl anderer Repräsentanten aus einem vorgegebenen Spektrum erschöpft wird. Damit fehlen innerhalb der gegenwärtigen Formen repräsentativer Demokratie Mechanismen, durch die ein Veränderungswille politisch wirksam werden kann.«[41]

Wegen dieser umfassenden Entpolitisierung der Gesellschaft durch den Neoliberalismus als Lebensphilosophie der Reichen seien die Beherrschten von den sozialen Erfahrungen ihrer Klasse abgeschnitten, auf sich allein gestellt und den Machteliten hilflos ausgeliefert, konstatiert Mausfeld: »Das sozial entwurzelte Individuum lässt sich in seinem Denken und Handeln ohne größeren Widerstand zum Objekt von geeigneten Techniken des Meinungsmanagements und der Disziplinierung und Überwachung machen, also genau zu der Art von politischem Objekt, das gerade in Demokratien der Traum der besitzenden Klasse ist.«[42]

Mausfelds Fundamentalkritik an der kapitalistischen Elitendemokratie gipfelt in dem Vorwurf, dass gerade einst kritische und (pseudo)linke Gruppierungen zur Stabilisierung der Klassenherrschaft beitrügen: »Das ehemals linke und sich heute zumindest noch ›progressiv‹ fühlende Milieu kämpft nicht mehr gegen Ungleichheit, sondern gegen eine Diskriminierung seiner eigenen Partikulargruppen und hat sich ansonsten recht behaglich im Status quo eingerichtet.«[43] Solange damit Befürworter/innen der sozialdemokratischen »Agenda 2010« von Altbundeskanzler Gerhard Schröder oder Repräsentant(inn)en eines »progressiven Neoliberalismus« (Nancy Fraser) gemeint sind, trifft dieser Kritikpunkt zu. Man kann allerdings durchaus das bestehende Wirtschaftssystem, seine Ausbeutungsver-

41 Ebd., S. 97

42 Ebd., S. 168

43 Ebd., S. 169

hältnisse sowie die bürgerliche Klassenherrschaft und zugleich die Unterdrückung, Ausgrenzung und Diskriminierung von Minderheiten bekämpfen. Es ist falsch, einen Widerspruch zwischen dem Engagement gegen den Kapitalismus und für die Gleichstellung ethnischer, religiöser oder sexueller Minderheiten zu konstruieren.

An gleicher Stelle wirft Mausfeld den Machteliten, aber auch »postmodernen« Salonlinken nicht ohne Grund vor, das Volk intellektuell zu verachten, ohne dass er selbst allerdings frei davon zu sein scheint. Denn schließlich besagt die von ihm eingeführte Herdenmetapher, dass die Lämmer insofern geistig beschränkt seien, als ihre Aufmerksamkeit durch die repräsentative Demokratie auf die Hirten eingeengt und damit von den Besitzern der Schafherde – den Kapitalisten als wahren Herrschern – abgelenkt werde. In diesem Zusammenhang erweckt Mausfeld den Eindruck, als sei die parlamentarische Demokratie nur ein geschicktes Täuschungsmanöver und ein bloßes Scheinzugeständnis der herrschenden Klasse an die Ausgebeuteten und Unterdrückten. Er stellt sie als »Wahloligarchie ökonomischer und politischer Eliten« sowie als »neuartige Form totalitärer Herrschaft« dar,[44] wodurch ein politisches Feindbild entsteht, das Kritiker/innen des Kapitalismus in die Irre führt.

Die repressiven Herrschaftstechniken des Systems werden überbetont, wohingegen die Bedeutung der materiellen Integration für sein hohes Maß an Stabilität unterschätzt wird. Ein pauschales Negativurteil wie dieses lässt wenig Spielraum für Machtverschiebungen und Veränderungen innerhalb des Kapitalismus: »Eine kapitalistische Demokratie kann es ohne massive Beeinflussung der öffentlichen Meinung und ohne systematische Erzeugung von Angst nicht geben.«[45] In den frühen 1970er-Jahren hat sich Dieter Duhm mit der Angst im Kapitalismus beschäftigt. Geprägt vom revolutionären

44 Siehe ebd., S. 8 und 148

45 Rainer Mausfeld, Angst und Macht. Herrschaftstechniken der Angsterzeugung in kapitalistischen Demokratien, 2. Aufl. Frankfurt am Main 2019, S. 19f.

Überschwang jener Zeit und im Duktus der Studentenbewegung betonte der später ins Esoterische abgeglittene Psychologe die autoritären Strukturen und die institutionalisierten Machtverhältnisse der bürgerlichen Klassenherrschaft. Er gelangte zu dem Schluss, »daß die kapitalistischen Herrschaftsverhältnisse Angst erzeugen, indem sie mit äußerer Gewalt zum individuellen Bedürfnisverzicht zwingen, daß sich die Realangst in neurotische Angst verwandelt und daß damit dem Kapitalismus eines seiner perfektesten Herrschaftsmittel zugespielt wurde.«[46] Angst gehört zweifellos zum Kapitalismus wie die Buße zum Katholizismus. Gewaltanwendung und Angsterzeugung sind bewährte Mittel der politischen Machtausübung, aber keineswegs alternativlos. Sie korrespondieren vielmehr mit anderen Mechanismen der kapitalistischen Systemerhaltung und müssen deshalb eher als Ultima ratio gelten.

Mausfeld hält den Kapitalismus und die Demokratie prinzipiell für miteinander unvereinbar, weil das bestehende Wirtschaftssystem und dessen Nutznießer seiner Meinung nach weder einen Machtverzicht noch eine Machtteilung zulassen. »Der Kapitalismus verlangt eine Unterwerfung unter die Machtverhältnisse, in denen eine Minderheit von Besitzenden Macht über eine Mehrheit von Nichtbesitzenden ausübt, und schließt daher den Bereich der Wirtschaft sowie die Eigentumsordnung grundsätzlich von einer demokratischen Kontrolle aus.«[47] Wenn man die Eigentumsverhältnisse im Gegenwartskapitalismus nüchtern analysiert, gelangt man hinsichtlich der Sozialstruktur, der gesellschaftlichen Herrschaftsverhältnisse und der politischen Machtkonstellationen zu einem differenzierteren Urteil, zumindest dann, wenn man die Besitzenden ebenso wie die Besitzlosen als einen Zusammenschluss mehrerer Klassenfraktionen und Schichten statt als einen monolithischen Block begreift.

---

46 Dieter Duhm, Angst im Kapitalismus. Zweiter Versuch der gesellschaftlichen Begründung zwischenmenschlicher Angst in der kapitalistischen Warengesellschaft, 13. Aufl. Lampertheim 1976, S. 36

47 Rainer Mausfeld, Angst und Macht, a. a. O., S. 18 f.

2.4 Deutschland – eine »Abstiegsgesellschaft« oder eine »Gesellschaft der Singularitäten«?

Da die deutsche Soziologie größtenteils eine am gesellschaftlichen Mainstream orientierte, für akademische Moden empfängliche und medienaffine Wissenschaft ist, spielte die Klassenstruktur in der Fachdiskussion nach dem Zweiten Weltkrieg praktisch keine Rolle mehr. »Allgemein gab es in der deutschen Soziologie, ganz anders als in der angelsächsischen, im 20. Jahrhundert einen ausgeprägten Hang, soziologische Totenreden auf die Klassengesellschaft zu halten – als ob Klassen verschwinden würden, wenn man sich von diesem Begriff verabschiedete.«[48] Weder die überwiegend systemkonforme, um nicht zu sagen: konformistische Soziologie noch die neoliberal orientierte, auf den Markt als vermeintlich idealen gesellschaftlichen Regulierungsmechanismus fixierte Ökonomie oder die Publizistik in (West-)Deutschland waren für das Problem der wachsenden Ungleichheit besonders sensibel.[49]

Mit dem Untergang des real existierenden Sozialismus hat der Marxismus einen Großteil seiner früheren Reputation eingebüßt, paradoxerweise auch in Bezug auf seine Fähigkeit zur Analyse sozialstruktureller Entwicklungsprozesse und zur Erklärung der wachsenden Ungleichheit. Nachdem die Berliner Mauer im November 1989 gefallen, der Warschauer Vertrag im Frühsommer 1991 aufgelöst und die Sowjetunion im Dezember 1991 untergegangen war, galt die Klassenanalyse zumindest in den hoch entwickelten Staaten Westeuropas, Nordamerikas und Südostasiens als nicht mehr zeitgemäß. Dabei trugen diese Ereignisse von historischer Be-

48 Oliver Nachtwey, Die Abstiegsgesellschaft. Über das Aufbegehren in der regressiven Moderne, Berlin 2016, S. 33

49 Vgl. hierzu: Christoph Butterwegge, Die zerrissene Republik. Wirtschaftliche, soziale und politische Ungleichheit in Deutschland, 2. Aufl. Weinheim / Basel 2020, S. 63 ff.; ders., Wachsende Ungleichheit lässt Ökonomen kalt, in: Wirtschaftsdienst 2 / 2020, S. 106 ff.; ders., Ungleichheit im Zerrspiegel der Massenmedien. Armut wird verharmlost und Reichtum verschleiert, in: merz (medien + erziehung. Zeitschrift für Medienpädagogik) 2 / 2020, S. 12 ff.

deutung wesentlich dazu bei, dass sich die Kluft zwischen Arm und Reich in den hochentwickelten Gesellschaften des globalen Nordens weiter vertiefte.

Erst im Gefolge der globalen Banken- und Finanzkrise, der Weltwirtschafts- und der europäischen Währungskrise 2007/08 ff. wurden Stimmen laut, die mit einleuchtenden Argumenten dafür plädierten, zumindest Marxens Krisentheorie und Klassenanalyse von dem totalen Ideologieverdikt auszunehmen, das linkes Denken getroffen hatte. Was vielen Beobachter(inne)n als Wiederkehr vermeintlich längst überholter Gesellschaftsstrukturen erschien, ließ allerdings nur deutlicher hervortreten, dass sich diese nie grundlegend gewandelt hatten. Der Bremer Soziologe Olaf Groh-Samberg stellte daher zu Recht fest: »Nach wie vor ist die soziale Klassenzugehörigkeit eine der prägendsten Determinanten der sozialen Ungleichheit von Lebenschancen.«[50]

In der jüngsten Vergangenheit fand das Thema der wachsenden Ungleichheit in Deutschland besonders durch Oliver Nachtweys Buch *Die Abstiegsgesellschaft* wieder ein hohes Maß an öffentlicher Aufmerksamkeit. Seine umstrittene Kernthese besagt, dass die Bundesrepublik in der »regressiven Moderne« aus einer »Gesellschaft des Aufstiegs und der sozialen Integration« zu einer »Gesellschaft des sozialen Abstiegs, der Prekarität und Polarisierung« geworden sei.[51] Den gesellschaftlichen Niedergang belegte Nachtwey allerdings nur partiell, etwa durch den Hinweis auf einen mit dem Dienstleistungs- wachsenden Niedriglohnsektor. Nachtweys Erklärung der Bundesrepublik zur »Abstiegsgesellschaft« führt jedoch schon deshalb in die Irre, weil Deutschland nach dem Krisenjahr 2009, das mit einem Rückgang des Bruttoinlandsprodukts um 5,7 Prozent endete, zehn Jahre lang wirtschaftlich floriert hat und selbst in der durch die Covid-19-Pandemie ausgelösten Rezession nur einzelne

50 Olaf Groh-Samberg, Armut, soziale Ausgrenzung und Klassenstruktur. Zur Integration multidimensionaler und längsschnittlicher Perspektiven, Wiesbaden 2009, S. 203

51 Siehe Oliver Nachtwey, Die Abstiegsgesellschaft, a. a. O., S. 8

Bevölkerungsgruppen vom sozialen Abstieg betroffen oder bedroht waren.

Das für die junge Bundesrepublik konstitutive Versprechen, dass mit einem sozialen Aufstieg und materiellem Wohlstand bis an sein Lebensende belohnt wird, wer sich anstrengt, fleißig ist und etwas leistet, gilt zwar längst nicht mehr, wenn man sich darauf überhaupt je berufen konnte. Obwohl der soziale Abstieg häufiger und der Aufstieg von ganz unten schwerer geworden ist, fällt Letzterer aber häufig steiler als früher aus, wenn man z. B. an erfolgreiche Start-up-Unternehmer in der digitalen Plattformökonomie denkt. »Abstiegsgesellschaften« sind höchstens Burkina Faso, Bangladesch und Burundi, nicht aber die Bundesrepublik Deutschland. Denn sie fallen als ganze Volkswirtschaften immer weiter hinter entwickelte Staaten des globalen Nordens zurück.

Hans-Günter Thien kritisiert, dass Nachtwey eine Bestimmung der Klassenstruktur des Gegenwartskapitalismus schuldig bleibe, die »eigentümliche Melange« von Klassen und Schichten, die er den Leser(inne)n zumute, sowie das »arge Durcheinander zwischen den Begriffen Klasse und Schicht« im Hinblick auf die gesellschaftliche Mitte: »Letztendlich bleibt völlig unklar, um wen es sich denn bei dieser ›Mitte‹ handelt; noch unklarer bleibt, ob die gleichfalls immer wieder für die offensichtlichen Veränderungen der Wirtschaft angesprochenen Transnationalisierungs- und Digitalisierungsprozesse Auswirkungen auf jene Mitte haben.«[52]

Oliver Nachtwey hat das von seinem verstorbenen Münchner Fachkollegen Ulrich Beck eingeführte Bild eines Fahrstuhls aufgegriffen, in dem Klassen und Schichten gemeinsam nach oben oder unten fahren.[53] Bis in die 1980er-Jahre hinein seien Ungleichheiten zwar bestehen geblieben, Arm und Reich jedoch gemeinsam nach

52 Hans-Günter Thien, Nachwort 2018: Notizen zur neueren Diskussion, in: ders., Die verlorene Klasse – ArbeiterInnen in Deutschland, 2. Aufl. Münster 2018, S. 213

53 Vgl. Ulrich Beck, Risikogesellschaft. Auf dem Weg in eine andere Moderne, Frankfurt am Main 1986, S. 122 ff.

oben gefahren, meint Nachtwey, weshalb die sozialen Unterschiede an Bedeutung verloren hätten.[54] Sowenig alle Gesellschaftsmitglieder, unabhängig von ihrer Klassen- und Schichtzugehörigkeit, »im selben Boot« sitzen, sowenig benutzen sie jedoch gemeinsam einen Aufzug. Denn ihre materiellen Interessen stimmen grundsätzlich nicht überein, sind vielmehr unterschiedlich, zum Teil sogar gegensätzlich.

Während der Fahrt verharren alle Insassen eines Aufzuges unabhängig davon, ob sich dieser nach oben oder nach unten bewegt, auf derselben Ebene. Hingegen bleibt der soziale Abstand zwischen Kapitaleigentümern und lohnabhängig Beschäftigen nie konstant, ändert sich vielmehr zu jeder Zeit. In konjunkturellen Aufschwungphasen sprudeln die Gewinne, Renditen und Dividenden, ohne dass die Löhne und Gehälter damit Schritt halten. Nach dem Boom trifft die Krise beide Klassen ebenfalls unterschiedlich: Finanzspekulanten verlieren möglicherweise einen Großteil ihres Vermögens, Lohnabhängige jedoch womöglich ihren Arbeitsplatz und damit ihre Existenzgrundlage.

Auch das von dem französischen Soziologen Robert Castel stammende und von Nachtwey übernommene Bild einer Rolltreppe trügt, weil nun zwar die soziale Fallhöhe zwischen den einzelnen Personengruppen differiert, wenn sie auf unterschiedlichen Stufen stehen, die eingeschlagene Fahrtrichtung aber gleichbleibt.[55] Treffender ließe sich daher von einem sozialen Paternostereffekt sprechen: Armut und Reichtum sind im kapitalistischen Wirtschafts- und Gesellschaftssystem strukturell miteinander verzahnt, weshalb zur selben Zeit, in der bestimmte Personen(gruppen) nach oben fahren, andere nach unten gelangen. Bei genauerem Hinsehen hinkt jedoch auch dieser Vergleich, weil eine Kabine nach dem Wendemanöver im Keller die Richtung ändert und ihre Passagiere automatisch wieder nach oben

54 Vgl. Oliver Nachtwey, Die Abstiegsgesellschaft, a. a. O., S. 126

55 Vgl. Robert Castel, Die Stärkung des Sozialen. Leben im neuen Wohlfahrtsstaat, Hamburg 2005, S. 45 (Fn. 13); Oliver Nachtwey, Die Abstiegsgesellschaft, a. a. O., S. 126 f.

befördert, während Armen der Wiederaufstieg nur selten gelingt, und weil die Fahrt nach oben die Benutzer/innen des Paternosters keine Mühe kostet, was für Arme ebenfalls nicht gilt.

Andreas Reckwitz spricht ebenfalls von einem »Paternostereffekt«, weil die Spätmoderne »durch eine Gleichzeitigkeit von sozialen Aufstiegs- und Abstiegsprozessen geprägt« und die Bundesrepublik zugleich »Abstiegs- und Aufstiegsgesellschaft« sei, je nachdem, welche Bevölkerungsgruppen man betrachte.[56] Der Berliner Politikwissenschaftler Herfried Münkler und die Dresdner Literaturwissenschaftlerin Marina Münkler lehnen den Paternoster als Bild für soziale Auf- und Abstiege hingegen ab, weil dabei keine politische Option hervorsteche: »Man kann ihn stoppen, doch dann verharren alle an dem Ort, den sie gerade einnehmen, oder man kann ihn in die umgekehrte Richtung fahren lassen, was auf das gleiche Ergebnis hinausläuft. Die Paternoster-Metapher steht für die Perspektivlosigkeit linker Gesellschaftskritik.«[57] Die beiden Eheleute verkennen dabei allerdings, dass man den Paternoster im Zuge eines Systemwechsels durch ein andersgeartetes Beförderungssystem ersetzen kann, bei dem niemand absteigen oder schlechter gestellt werden muss, wenn Menschen sozial aufsteigen oder zu einem größeren Wohlstand gelangen.

Ob sich die Mittelschichtangehörigen im Fahrstuhl, auf einer Rolltreppe oder im Paternoster befinden, hängt nicht zuletzt davon ab, welche Entwicklung der Gegenwartskapitalismus in Zukunft nimmt, anders gesagt, ob sich die Konzentration und Zentralisation des Kapitals, von Eigentum und Produktivvermögen fortsetzt oder ob gesellschaftliche Alternativkonzepte an Einfluss gewinnen und durch die Mobilisierung starker politischer Gegenkräfte in sich zuspitzenden Verteilungskämpfen wirkmächtig werden. Denn es gibt weder für alle Bevölkerungsschichten gleichermaßen tragfähige

56 Siehe Andreas Reckwitz, Das Ende der Illusionen. Politik, Ökonomie und Kultur in der Spätmoderne, 4. Aufl. Berlin 2020, S. 72

57 Herfried Münkler / Marina Münkler, Abschied vom Abstieg. Eine Agenda für Deutschland, Berlin 2019, S. 179

Krisenlösungen noch individuelle Wege aus dem Dilemma, dass der gesellschaftlich erzeugte Reichtum vermutlich weiter zunimmt, aber nicht automatisch gerechter verteilt wird.

Vielleicht noch prominenter als Nachtweys Modell der »Abstiegsgesellschaft« sind die Konzeption einer »Gesellschaft der Singularitäten« und die Klassendefinition von Andreas Reckwitz. Dieser an der Europa-Universität Viadrina in Frankfurt an der Oder lehrende Kultursoziologe hält die »Kulturalisierung und Singularisierung des Sozialen in der Spätmoderne« für den Beginn einer »neuen Klassengesellschaft«, die sich jedoch anders zusammensetze als die vergangene, mit der industriellen Moderne verschwundene.[58] Zwar sei die globale Ökonomie der Spätmoderne, wie Reckwitz sie nennt, eine im Kern weiterhin kapitalistische. Es handle sich heute aber um einen »postindustriellen« und »kognitiv-kulturellen« Kapitalismus, auf dessen Märkten nur erfolgreich sei, was über seine Funktion hinaus einen symbolischen Wert habe. Kognitiv sei diese Ökonomie, weil immaterielles Kapital, d.h. Urheberrechte, Patente, Netzwerke, Datenbestände usw. durch Wissensarbeit komplettiert werde. »Kulturell ist dieser Kapitalismus, weil unter den kognitiven Gütern jenen ein besonderer Stellenwert zukommt, die weniger funktionale Nützlichkeitsgüter sind, sondern von denen die Konsumenten einen kulturellen Wert und kulturelle Einzigartigkeit (Singularität) erwarten: von der Erlebnisreise über die Netflix-Serie und die Markenkleidung bis hin zur Bioernährung und zur Wohnung in ausgesuchter Lage.«[59]

Manche der von Reckwitz erkannten und (neu) benannten, vornehmlich mit Aufmerksamkeit heischenden Begriffen versehenen Entwicklungstendenzen sind allerdings uralt. Das gilt beispielsweise für den von ihm erwähnten Umstand, dass Immobilien in einer außergewöhnlich attraktiven Lage sehr begehrt

58 Vgl. Andreas Reckwitz, Die Gesellschaft der Singularitäten. Zum Strukturwandel der Moderne, Berlin 2017, S. 175

59 Ders., Das Ende der Illusionen, a.a.O., S. 141

sind und exorbitant hohe Preise erzielen, genauso wie für die von ihm als weiterer Beleg angeführte Tatsache, dass mit Nike-Sportschuhen überteuerte Prestigeprodukte gekauft werden. Um ihren Sonderstatus zu demonstrieren, haben Menschen, die es sich leisten konnten, immer schon auf ostentativen Konsum gesetzt. Rolex (Luxusuhren) und Rolls-Royce (Nobelautomobile) gibt es seit dem Ende des 19./Anfang des 20. Jahrhunderts, und auch die beiden Modemarken Chanel und Gucci sind nicht viel jünger. Schon erheblich länger träumen Philatelist(inn)en aus aller Welt von der Blauen Mauritius – nicht etwa, weil diese Briefmarke einer britischen Kolonie besonders schön wäre, sondern ausschließlich deshalb, weil sie eine Rarität und berühmt ist wie keine zweite, ohne dass in diesem Zusammenhang bisher jemand vom »Singularitätskapital« gesprochen hätte – ein modisches Label der Kultursoziologie à la Reckwitz. Wenn aus Gründen der Profitmaximierung mit geeigneten Marketingstrategien für ein Vordringen des kommerzialisierten Markenfetischismus bis in die Unterschicht gesorgt worden ist, hat das nichts mit einem neuen Stadium oder einer neuen Qualität des Kapitalismus, sondern nur mit der Raffgier und Raffinesse seiner transnationalen Konzerne zu tun. Ebenso gut könnte man von einem karitativ-konsumistischen Kapitalismus sprechen, weil sich der Bismarck'sche Sozial(versicherungs)staat ansatzweise zu einem Fürsorge-, Almosen- bzw. Suppenküchenstaat gewandelt und der Stellenwert des privaten Konsums erheblich zugenommen hat.

Reckwitz distanziert sich von der marxistischen Klassentheorie ebenso wie von »Einseitigkeiten« der Lebensstil- und Milieuforschung, indem er die Relevanz spezifischer kultureller Lebensformen für die Konstitution von sozialen Klassen stärker akzentuiert, ohne die Bedeutung der ungleichen Ressourcenverteilung völlig zu leugnen: »Klassen sind mehr als sozialstatistische Einkommensschichten und auch mehr als alltägliche Lebensstile. Klassen sind kulturelle, ökonomische und politische Gebilde *zugleich*. Als Klasse teilt eine Gruppe von Individuen eine gemeinsame Lebensführung samt den entsprechenden Lebensmaximen, Alltagsvorstellungen und Praktiken.«[60]

Etwas anderes haben weder Marx noch Engels behauptet. Zwischen ihnen und Reckwitz ist jedoch die Reihen- bzw. Rangfolge zwischen der sozioökonomischen, der politischen und der kulturellen Dimension des Klassenbegriffs strittig. Und an dieser zentralen Stelle irrt Reckwitz gründlich. Einen berühmten Satz aus der *Dreigroschenoper* von Bertolt Brecht abwandelnd, kann man nämlich formulieren: Erst kommt das Fressen, dann kommt die Kultur. Das gilt für die Menschheitsgeschichte ebenso wie für die Biografie jedes einzelnen Individuums. Sobald die materiellen Existenzgrundlagen der Menschen gesichert und damit die Voraussetzungen für eine halbwegs angstfreie Betätigung auf geistigem Gebiet entstanden sind, gewinnt die Kultur zwar enorm an Bedeutung für ihr Leben, bleibt aber weiterhin von Ersteren abhängig. Dies mussten Künstler/innen und Kulturschaffende zuletzt während der Coronakrise leidvoll erfahren: Als viele ihrer Aufträge oder Auftritte storniert wurden, stand die Sicherung der nackten Existenz für alle Betroffenen im Vordergrund ihres Tuns.

Folgt man Reckwitz, hat sich aus der Erbmasse einer »allumfassenden Mittelschicht der industriellen Moderne« durch Postindustrialisierung und Bildungsexpansion eine »Dreier-Struktur der Klassen« entwickelt: »Auf der einen Seite ist eine hochgebildete, urbane neue Mittelklasse emporgestiegen – das neue Leitmilieu der Spätmoderne –, auf der anderen eine neue prekäre Unterklasse vor allem von Mitgliedern eines Dienstleistungsproletariats nach unten abgerutscht. Zwischen beiden verharrt die traditionelle, an Ordnung und Sesshaftigkeit orientierte Mittelklasse.«[61] Dies zeige, dass sich die Beziehungen der Klassen zueinander nicht auf materielle Ungleichheiten reduzieren ließen, der kulturelle Faktor einer symbolischen Auf- bzw. Abwertung vielmehr grundlegend sei.

---

60 Ebd., S. 67 f. (Hervorh. im Original)

61 Ebd., S. 25

Als weitere Abstraktionsebene neben »Klasse« führt Reckwitz im Anschluss an die Lebensstilstudien des SINUS-Instituts das Milieu ein. Den von ihm für wichtig gehaltenen Klassen – die nur am Rande erwähnte, als heterogen charakterisierte »Oberklasse« gehört offenbar nicht dazu – ordnet Reckwitz die zehn SINUS-Milieus zu: das »liberal-intellektuelle«, das »sozialökologische«, das »expeditive« und das »Milieu der Performer« der neuen Mittelklasse; das der »bürgerlichen Mitte«, der »Adaptiv-Pragmatischen« und der »Konservativ-Etablierten« der alten Mittelklasse sowie die »Prekären« i. e. S., Teile der »Traditionellen« und die »Konsum-Hedonisten« der neuen Unterklasse, wodurch er sein Konzept bestätigt sieht und verfeinern zu können hofft: »Mit Hilfe der Milieustudien lässt sich [...] das Drei-Klassen-Modell insgesamt differenzieren, und zugleich ermöglichen sie eine Schätzung der quantitativen Klassenstärken. Nun sehen wir (auch im historischen Vergleich), dass sich die spätmoderne Gesellschaft zu einer *Drei-Drittel-Gesellschaft* entwickelt hat.«[62] Allerdings bleibt hier unklar, warum bei der Binnendifferenzierung dieser Klassenstruktur subjektive Befindlichkeiten und durch Einflüsse von Zufallsbekanntschaften, Freund(inn)en und Nachbar(inne)n geprägte Bewusstseinsinhalte statt objektiver Kriterien maßgeblich sein sollten. Schließlich werden einer soziologischen Willkür damit Tür und Tor geöffnet.

Reckwitz verkennt, dass Milieus und Mentalitäten nicht an eine bestimmte Klassenzugehörigkeit gebunden sind. Obwohl oder vielleicht auch gerade weil Reckwitz' Ansatz die überragende Bedeutung der sozioökonomischen Basis für Kreativität, Intellektualität und Spontaneität negiert, hat das bürgerliche Feuilleton seinen diffusen, kulturalistisch deformierten bzw. verkürzten Klassenbegriff mit Begeisterung aufgenommen. Auf eine sehr viel geringere Resonanz in der (Medien-)Öffentlichkeit stoßen hierzulande marxistische Theorieansätze, selbst wenn sie die Fortentwicklung bzw. Modifikation der Sozialstruktur im Gegenwartskapitalismus umfassender und fundierter reflektieren.

---

62 Ebd., S. 125 (Hervorh. im Original)

3. Klassengesellschaft im Wandel: Finanzmarktkapitalismus und Sozialstrukturentwicklung

Klassenformationen sind abhängig von der wissenschaftlich-technischen und gesellschaftlichen Entwicklung, aber auch von Konjunkturzyklen und Krisenverläufen. Das kapitalistische Wirtschafts- und Gesellschaftssystem hat in seiner wechselhaften Geschichte verschiedene Gestalten angenommen. Immer dann, wenn seine Kritiker/innen annahmen, dass ihm Grenzen des Wachstums oder eine schwere Wirtschafts- bzw. Finanzkrise endgültig zum Verhängnis würden, häutete sich der Kapitalismus, änderte in kürzester Zeit seine Form und entfaltete auf diese Weise häufig genug sogar eine neue Dynamik.

(West-)Deutschland wies als Klassengesellschaft immer eine relativ hohe Ungleichheit auf, was für den heutigen Kapitalismus auch nicht untypisch ist. Man muss kein Marxist sein, um zu erkennen, dass Deutschland eine kapitalistische Gesellschaft mit wachsender sozioökonomischer Ungleichheit ist, deren Hauptgrund im fortwirkenden Interessengegensatz zwischen Kapital und Arbeit besteht. Um ihre spezifischen Merkmale erfassen zu können, muss man verstehen, was den Gegenwartskapitalismus ausmacht und auf welche Art sich Wirtschaft, Gesellschaft und Staat in jüngster Zeit verändert haben. Geändert haben sich die internationalen Rahmenbedingungen (Ende des Ost-West-Gegensatzes und Aufstieg Chinas als Wirtschaftsmacht) sowie die technologischen Grundlagen (Computerisierung und Digitalisierung).

3.1 »Entfesselung« der Finanzmärkte und Entwicklung der sozialen Klassen

Ulrike Herrmann konstatiert, dass sich die Realwirtschaft des Kapitalismus während der vergangenen 100 Jahre strukturell nicht mehr verändert hat: »Wenige Großkonzerne beherrschen den Markt, und sie agieren global. Diese Unternehmen verlassen sich zudem darauf, dass der Staat stützend eingreift.«[1] Ergänzend vertritt Thilo Bode die These, dass seit dem Ende der Systemkonkurrenz zwischen Ost (Staatssozialismus) und West (Kapitalismus) aufgrund des gewachsenen Machtpotenzials der Großunternehmen eine neue Qualität des Lobbyismus entstanden sei. »Diese Markt- und Finanzmacht ist zu einer politischen Macht geworden. Es hat sich ein industriell-politischer Komplex herausgebildet, in dem Konzerne und Politik zum gegenseitigen Nutzen eine Zweckgemeinschaft bilden, die keine Entscheidungen mehr *gegen* Konzerne trifft.«[2] Was bei Bode allerdings unterbelichtet bleibt, ist der Umstand, dass die Bedeutung des Finanzsektors in jüngster Zeit ebenso spürbar zugenommen hat wie die Relevanz der modernen Informations- und Kommunikationstechnologien. Somit hatte der Übergang zum digitalen Finanzmarktkapitalismus erhebliche Konsequenzen für die Sozialstruktur bzw. die Zusammensetzung von Klassen und Schichten.

Der französische Ökonom Michel Albert hat die (west)deutsche Gesellschaft kurz nach der Vereinigung von BRD und DDR als »rheinischen Kapitalismus« bezeichnet und ihn dem angelsächsischen bzw. US-amerikanischen Wirtschaftsmodell idealtypisch gegenübergestellt. In seinem 1991 erschienenen Buch *Capitalisme contre Capitalisme* schrieb Albert, der endgültige Zusammenbruch des Kommunismus habe die Unterschiedlichkeit zwischen beiden

1 Ulrike Herrmann, Der Sieg des Kapitals. Wie der Reichtum in die Welt kam: Die Geschichte von Wachstum, Geld und Krisen, München / Berlin 2015, S. 62

2 Thilo Bode, Die Diktatur der Konzerne. Wie globale Unternehmen uns schaden und die Demokratie zerstören, 3. Aufl. Frankfurt am Main 2019, S. 8 (Hervorh. im Original)

Modellen erst richtig deutlich gemacht: »Das *neo-amerikanische* basiert auf dem individuellen Erfolg und dem schnellen finanziellen Gewinn. Das *rheinische* hat sein Zentrum in Deutschland und ist dem japanischen sehr ähnlich. Wie dieses auch favorisiert es den gemeinschaftlichen Erfolg, den Konsens und das langfristige Vorausdenken. Der Verlauf der letzten zehn Jahre zeigt, daß das rheinische Modell, das bis zu diesem Zeitpunkt seine wahre Identität noch nicht gefunden hatte, gleichzeitig gerechter und effizienter ist.«[3]

Bedingt durch die Entwicklung der modernen Informations- und Kommunikationstechnologien sowie die neoliberale Globalisierung der Finanzwirtschaft breite sich das ultraliberale, weniger egalitäre Modell des US-Kapitalismus über die ganze Welt aus, prognostizierte Albert. Aufgrund des großen Einflusses von Ronald Reagan, der sein Amt als US-Präsident im Januar 1981 angetreten und acht Jahre lang ausgeübt hatte, sowie von Margaret Thatcher, die im Mai 1979 britische Premierministerin geworden und es bis zum November 1990 geblieben war, sah Albert das kontinentaleuropäische Wirtschaftsmodell trotz dessen ökonomischer und sozialer Überlegenheit politisch auf dem Rückzug: »Lob der Gewinner, Ausklammerung des sozialen Bereichs, Gleichgültigkeit gegenüber den Ausgeschlossenen, Produktionsoptimismus, Leistungskult, das ist Europa von 1991, und das ist der Triumph des ehemaligen Cowboys aus dem Weißen Haus und dem Krieg der Sterne.«[4]

Feuilletonistisch ausgedrückt, hat in den vergangenen Jahrzehnten ein Wandel vom »rheinischen« zum schweinischen Kapitalismus stattgefunden. Bei dem Letzteren handelt es um ein Wirtschafts- und Gesellschaftssystem, das brutale Ausbeutung, drastische Entrechtung der Beschäftigten, systematisches Lohn- und Sozialdumping, skrupellose Leuteschinderei und massenhafte Tierquälerei

---

3 Michel Albert, Kapitalismus contra Kapitalismus, Frankfurt am Main/New York 1992, S. 25 (Hervorh. im Original)

4 Ebd., S. 29

duldet sowie der Profitmaximierung durch eine kleine Gruppe von Multimillionären und Milliardären, die eng mit Exponenten des politischen und Regierungssystems verbunden sind, kaum Grenzen setzt. Dies war Interessierten zwar schon lange bekannt, wurde jedoch während der Covid-19-Pandemie im Juni/Juli 2020 noch einmal deutlicher, als am Hauptsitz des Fleischkonzerns Tönnies in Rheda-Wiedenbrück mehr als 1.400 Beschäftigte positiv auf Sars-CoV-2 getestet wurden. Darunter waren besonders viele polnische, rumänische und bulgarische Werkvertragsarbeiter/innen, die unter skandalösen Arbeits- und Wohnbedingungen litten. Alle in der Fleischfabrik seinerzeit Beschäftigten mussten sich in Quarantäne begeben, weil ein Überspringen des Virus auf die Gesamtbevölkerung befürchtet wurde. Kurz darauf drang an die Öffentlichkeit, dass der Fleischbaron Clemens Tönnies an die nordrhein-westfälische CDU gespendet und entgegen dem Votum seines Neffen Robert Tönnies, mit ebenfalls zwei Milliarden Euro Privatvermögen gleichberechtigter Miteigentümer der Familien-Holding, dem früheren SPD-Vorsitzenden, Wirtschaftsminister und Vizekanzler Sigmar Gabriel im März desselben Jahres einen gutdotierten Beratervertrag gegeben hatte.

Die sozioökonomische Ungleichheit wächst im schweinischen Kapitalismus des Neoliberalismus. »Von der sozialen ›Symmetrie‹ des Rheinischen Kapitalismus ist wenig geblieben.«[5] Entsprechend der Shareholder-Value-Orientierung geht es im Topmanagement, aber auch im Showbusiness und im Profisport ruppiger als früher zu. Um die Charakteristika des gegenwärtigen Entwicklungsstadiums der Kapitalakkumulation im Vergleich zu früheren Epochen wie »Handels-« und »Industriekapitalismus« herauszustellen, spricht man vom »Finanzmarktkapitalismus«, für den Hedgefonds, Private-Equity-Gesellschaften und Spekulationsblasen unterschiedlicher Art typisch sind.

---

5 Bernhard Müller, Erosion der gesellschaftlichen Mitte. Mythen über die Mittelschicht, Zerklüftung der Lohnarbeit, Prekarisierung und Armut, Abstiegsängste, Hamburg 2013, S. 47

An die Stelle der Realinvestition ist häufiger die Finanzspekulation getreten, was erhebliche Konsequenzen sowohl für die Wirtschaftsarchitektur und die Sozialstruktur wie auch für die (Un-)Kultur des Kapitalismus hat.[6] Der dieser Wirtschaftsordnung immanente Drang einer Minderheit von Kapitaleigentümern nach Gewinnmaximierung einerseits und der Zwang einer großen Mehrheit zum Verkauf ihrer Arbeitskraft andererseits sowie die Tendenz zur relativen Verarmung eines wachsenden Teils der Bevölkerung gehen Hand in Hand. Folglich stellt sich die Frage, ob und ggf. wie sich die Ungleichheit durch Prozesse wie Globalisierung, Finanzialisierung und Digitalisierung gewandelt hat.

Hinsichtlich der Konzentration des privaten Vermögens, der Ausnahmestellung des Bodeneigentums und der Rolle des Luxuskonsums ähnelt der Finanzmarktkapitalismus am ehesten dem Feudalismus, der allerdings nicht wie jener durch eine ökonomische Polarisierung, sondern durch eine ständische Hierarchisierung der Sozialstruktur gekennzeichnet war.

Klaus Dörre versteht unter dem Finanzmarktkapitalismus eine kapitalistische Formation, die neue Rahmenbedingungen für das Mit- und Gegeneinander von sozialen Klassen schafft. »Sie verbindet einen Modus der Kapitalakkumulation, der auf einer relativen Dominanz von finanziellem Anlagekapital beruht, mit flexibel-marktzentrierten Produktionsmodellen und Regulationsdispositiven (Verknüpfungen von öffentlichen Diskursen und institutionellen Praktiken), die Marktförmigkeit, Eigenverantwortung und Wettbewerbsfähigkeit gegenüber dem Solidarprinzip priorisieren.«[7] Auf diese Weise kommt es laut Dörre zu neuen sozialen Spaltungen und Klassenbeziehungen, einer Restrukturierung und Repositionierung der herrschenden Klasse sowie einer Deklassierung der Arbeiter/innen.

---

6 Vgl. Richard Sennett, Der flexible Mensch. Die Kultur des neuen Kapitalismus, 5. Aufl. Berlin 1998

7 Klaus Dörre, Landnahme und soziale Klassen. Zur Relevanz sekundärer Ausbeutung, in: Hans-Günter Thien (Hg.), Klassen im Postfordismus, 2. Aufl. Münster 2011, S. 130

Damit haben Finanzialisierung und Prekarisierung seiner Meinung nach den »Übergang von einer sozial integrierten zu einer stärker polarisierten Klassengesellschaft« bewirkt.[8]

Da große Unternehmen aus unterschiedlichen Branchen entweder Hard- und Software für andere bereitstellen oder sich ihrerseits zu Internetplattformen entwickeln, ist auch die auf den kanadischen Philosophen Nick Srnicek zurückgehende Bezeichnung »Plattformkapitalismus« sehr geläufig.[9] Mit dem neuen Akkumulationsregime eng verbunden sind die modernen Informations- und Kommunikationstechnologien, weshalb man es – vielleicht noch präziser – als digitalen Finanzmarktkapitalismus charakterisieren kann. Diese Bezeichnung verwendet auch Philipp Staab, der Soziologie an der Humboldt-Universität zu Berlin lehrt, in seinem Buch über die ökonomischen Macht- und Herrschaftsverhältnisse. Staab betont die zahlreichen Parallelen zwischen der Finanzwirtschaft und der Internetökonomie. In beiden Fällen habe man es mit »oligopolistischen Marktstrukturen«, »exorbitanten Profiten« und einer »ausgeprägten Machtkonzentration« zu tun.[10] Auf dieser Grundlage sind Hochfinanz und Hightech eine Verbindung zum gegenseitigen Vorteil eingegangen.

Digitalisierung wird oft als »Vierte Industrielle Revolution« begriffen, mit der sich vor allem Sorgen um die Arbeitsplätze im produzierenden Gewerbe verbinden. Tatsächlich basiert der digitale Finanzmarktkapitalismus weniger auf der fabrikmäßigen Ausbeutung lebendiger Arbeit als auf der spekulativen Verwertung angehäuften Kapitals. Gleichwohl handelt es sich in Deutschland nach wie vor um eine entwickelte Industriegesellschaft, deren Reichtum wesentlich auf der Herstellung langlebiger Konsumgüter beruht. Schließlich kann sich die Finanz- nicht von der Realwirtschaft entkoppeln,

8 Siehe ebd., S. 131

9 Siehe Nick Srnicek, Plattform-Kapitalismus, Hamburg 2018

10 Siehe Philipp Staab, Digitaler Kapitalismus. Markt und Herrschaft in der Ökonomie der Unknappheit, Berlin 2019, S. 107

wie manche Kritiker/innen des Spekulationskapitalismus offenbar meinen. Der britische Sozialwissenschaftler Andrew Sayer weist vielmehr darauf hin, »dass Rentiers letztlich Arbeiter brauchen, die jene Güter und Dienstleistungen produzieren, auf die ihr unverdientes Einkommen einen Anspruch anmeldet, dass sie aber ihrerseits von den Arbeitern so wenig gebraucht werden wie von uns anderen.«[11] Nur in der Realwirtschaft entstehen Güter und Dienstleistungen, die als Waren gehandelt werden, sowie objektive Werte bzw. Überschüsse, während in der Finanzwirtschaft alles, was ein Kapitalanleger, Finanzjongleur oder Spekulant durch den Rückgriff auf exzellente Informationen, gute Nerven und erfolgreiches Agieren hinzugewinnt, (einem) anderen verloren geht.

Daher rührt auch der Name »Kasinokapitalismus« (Susan Strange) für dieses Nullsummenspiel, das an Roulette erinnert. Spekulanten müssen auf den Finanzmärkten im Unterschied zu Investoren auf den Gütermärkten keine Rücksicht auf die komplementären Interessen von Mitarbeiter(inne)n, Lieferanten und Kund(inn)en nehmen, weil sie nur gewinnen können, was andere Wirtschaftssubjekte verlieren. »Wenn ich etwa mit Derivaten spekuliere, also mit einem anderen Wetten auf die Entwicklung von Aktienkursen, Rohstoffpreisen, Zinssätzen oder Wechselkursen abschließe, weiß ich: Je mehr mein ›Wettpartner‹ verliert, desto mehr gewinne ich (würde ein Unternehmer nach der gleichen Maxime handeln, könnte er seine Firma gleich zusperren).«[12]

Die US-amerikanischen Ökonomen Robert Frank und Philipp Cook haben den Kapitalismus schon in den 1990er-Jahren als »Winner-take-all«-Gesellschaft charakterisiert,[13] die besonders drastisch im Geschäftsleben existiert. Wenn einer alles gewinnt, gibt es

---

11 Siehe Andrew Sayer, Warum wir uns die Reichen nicht leisten können, München 2017, S. 115

12 Stephan Schulmeister, Der Weg zur Prosperität, 2. Aufl. Salzburg / München 2018, S. 117

13 Siehe Robert Frank / Philipp Cook, The Winner-Take-All-Society. Why the Few at the Top Get so Much More Thant he Rest of Us, New York 1995

natürlich zahlreiche Verlierer, was sich in einer zunehmenden Polarisierung der Sozialstruktur manifestiert.

Die unter dem Akronym »Gafa« zusammengefassten Firmen Google, Amazon, Facebook und Apple bilden zusammen mit dem Hard- und Softwareentwickler Microsoft (deshalb heißt es manchmal auch »Big Five« oder »Gafam«) den elitären Kreis der westlichen Digitalkonzerne. Philipp Staab sieht darin ein System proprietärer Teilmärkte, die sich im Eigentum der US-amerikanischen Leitunternehmen des kommerziellen Internets befinden und im Sinne eines »privatisierten Merkantilismus« funktionieren. Er begreift den digitalen Kapitalismus nicht bloß als »Maschine zur Produktion sozialer Ungleichheit«, vielmehr darüber hinaus als »neues gesellschaftliches Herrschaftsformat« in einem umfassenderen Sinne.[14] Dabei handle es sich keinesfalls um eine Ausdrucksform oder Weiterentwicklung des Neoliberalismus, sondern um ein Gegenmodell zu diesem. Staab erklärt den Neoliberalismus für im Gegenwartskapitalismus eigentlich bereits überholt: »War der Neoliberalismus die Eroberung immer neuer Felder durch den Markt, dann ist der digitale Kapitalismus die Eroberung des Marktes selbst durch eine kleine Zahl privatwirtschaftlicher Unternehmen.«[15]

Demgegenüber sieht der österreichische Wirtschaftswissenschaftler Stephan Schulmeister im Neoliberalismus, den er für das erfolgreichste Projekt einer ökonomischen Gegenaufklärung wie einer Selbstentmündigung der Menschen hält, die spezifische Ideologie des Finanzmarktkapitalismus, mit der sozioökonomische Ungleichheit einerseits verherrlicht und andererseits vermehrt wird: »Der Neoliberalismus legitimiert die Interessen des Finanzkapitals und nicht des Realkapitals: Die ›Liebe zum Geld‹ nährt den ›egozentrischen Eigennutz‹ (›Was die anderen verlieren, gewinne ich‹), ersetzt Selbstwertgefühl und entfremdet Menschen von sich selbst

14 Siehe Philipp Staab, Digitaler Kapitalismus, a. a. O., S. 301

15 Siehe ebd., S. 50

und den Mitmenschen.«[16] Den grundlegenden, die Ungleichheit potenzierenden Funktionsmechanismus des neuen Wirtschaftstyps beschreibt Schulmeister folgendermaßen: »Die Verlagerung des Gewinnstrebens auf Finanzinvestitionen dämpft die Realkapitalbildung und damit die Schaffung von (›guten‹) Arbeitsplätzen. Gleichzeitig ›dreht‹ der Unternehmenssektor seinen Finanzierungssaldo von einem Defizit (Aufnahme von Investitionskrediten) in einen Überschuss (Akkumulierung von Finanzkapital).«[17] Neben der Arbeitslosigkeit nimmt das Staatsdefizit tendenziell zu, weil die Sozialausgaben steigen und die Steuereinnahmen sinken.

Folgt man Staab, beuten Konzerne als kommerzielle Plattformbetreiber auf ihrem eigenen Markt sowohl Konsument(inn)en wie Produzenten aus. Der Jenaer Soziologe Felix Gnisa hält die Plattformen hingegen für »allokative Produktionsmittel«, welche die Zuteilung notwendiger Arbeiten, von Ressourcen und Fähigkeiten ermöglichen.[18] Dabei unterscheidet Gnisa in Anlehnung an Srnicek, der zwischen Werbeplattformen, Cloud-Plattformen, Industrieplattformen, Produktplattformen und schlanken Plattformen differenziert, vier Plattformtypen, die produktive Tätigkeiten organisieren: erstens Plattformen der Gig-Economy wie Uber oder Airbnb, die soloselbstständige Taxifahrer/innen bzw. private Ferienwohnungen vermitteln; zweitens Mikro-Task-Plattformen wie Amazon Mechanical Turk oder Clickworker, die Arbeitsaufgaben für Geringqualifizierte ausschreiben; drittens Kreativplattformen wie Jovoto, die Hochqualifizierte z. B. für Produktinnovationen anheuern; schließlich noch Social-Media-Plattformen wie Facebook und Google, bei denen es um die Vermittlung von Kontakten für Nutzer/innen geht, denen sie personalisierte Werbung zukommen lassen.

16 Stephan Schulmeister, Der Weg zur Prosperität, a. a. O., S. 302

17 Ebd., S. 190

18 Siehe Felix Gnisa, Das Maschinensystem des 21. Jahrhunderts? – Zur Subsumtion der Kommunikation durch digitale Plattformtechnologien, in: Florian Butello / Sabine Nuss (Hg.), Marx und die Roboter. Vernetzte Produktion, Künstliche Intelligenz und lebendige Arbeit, Berlin 2019, S. 282

Neoliberal zu sein beschränkt sich jedoch nicht darauf, die Märkte liberalisieren, flexibilisieren und deregulieren zu wollen. Vielmehr bedeutet es auch, öffentliche Daseinsvorsorge und Dienstleistungen, kommunale bzw. Staatsunternehmen und soziale Risiken zu privatisieren.[19] Warum sollte es im Rahmen der digitalen Plattformökonomie dann nicht sinnvoll und möglich sein, auch Märkte der privaten Verfügungsgewalt von IT-Konzernen zu überantworten, wenn dadurch sowohl Wirtschaftswachstum und Wohlstandsgewinne generiert wie auch Profite maximiert werden können? An dieser Stelle gibt es überhaupt keinen Widerspruch zur neoliberalen Ideologie, obwohl Staab einen solchen konstruiert. Das vordringliche Ziel aller Neoliberalen ist die Verwirklichung einer Marktgesellschaft, wohlgemerkt: nicht einer Marktwirtschaft, was Kartell- und Monopolbildungen ausschließen würde. Ob es sich um »autonome« Märkte oder um Märkte handelt, die Internetgiganten für andere Produzenten und Konsumenten bereitstellen, ist dabei sekundär.

Weder die Gier der nach Boni lechzenden Investmentbanker noch der Größenwahn des Spitzenmanagements, die Risikofreude der Spekulanten und der Geiz von Großinvestoren können erklären, warum die sozioökonomische Ungleichheit in Deutschland einem Rekordstand zustrebt. Völlig zu Recht hebt Philipp Staab die »ungleichheitsverstärkende Dynamik« des digitalen Finanzmarktkapitalismus hervor, in dem es nicht mehr um die Befriedigung der Nachfrage, sondern bloß noch um die Sicherung der Renditen gehe.[20] Auf den einzigen Märkten, die noch rasante Wachstumschancen böten, finde das »Vermögenswachstum zulasten des Faktors Arbeit« statt, welches laut Staab auf eine »Verschärfung der sozialen Ungleichheit« hinausläuft.[21]

---

19 Vgl. hierzu: Christoph Butterwegge / Bettina Lösch / Ralf Ptak, Kritik des Neoliberalismus, 3. Aufl. Wiesbaden 2017

20 Vgl. Philipp Staab, Digitaler Kapitalismus, a. a. O., S. 145

21 Siehe ebd., S. 148 f.

Zwar hat die »Entfesselung« der Finanzmärkte nicht zu einer grundlegenden Transformation der Sozial- bzw. Klassenstruktur geführt. Durch die Symbiose zwischen Finanzwirtschaft und Internetökonomie ist aber eine ausgesprochen vermögende Oligarchie entstanden, die mittlerweile innerhalb der Bourgeoisie als herrschender Klasse dominiert. Auf den Finanzmärkten mehren die Hochvermögenden ihren enormen Reichtum, ohne dass sie dafür eine nennenswerte (Arbeits-)Leistung erbringen müssten. Vielmehr handelt es sich um anstrengungslose Vermögenszuwächse, die sämtlichen Kriterien meritokratischer Lehrsätze diametral widersprechen.

Außerdem hat der Kapitalismus in seinem jüngsten Entwicklungsstadium ein Heer von Gehilfen des Finanzkapitals entstehen lassen, die extrem hoch bezahlt sind, ohne gesellschaftlich Sinnvolles zu tun. Der niederländische Historiker und Publizist Rutger Bregman hebt vielmehr zu Recht hervor, dass die Zahl der »Bullshitjobs« (David Graeber) aufgrund der wachsenden Ungleichheit stark ansteigt: »Je mehr Wohlstand an der Spitze konzentriert ist, desto größer wird die Nachfrage nach Firmenanwälten, Lobbyisten und Hochfrequenztradern.«[22] Zu den Berufsgruppen, die aus gesellschaftlicher Sicht weitgehend überflüssig erscheinen, gehören beispielsweise Investmentbanker, Broker, Fondsmanager, Wirtschaftsprüfer und Versicherungsmakler. Offenbar nimmt der Bedarf an Menschen, die im Umfeld der Großwirtschaft und des Börsenparketts eher parasitäre Tätigkeiten wie Unternehmens-, Anlage-, Vermögens- und Steuerberatung ausüben oder als Marketing-Expert(inn)en, Finanzdienstleister/innen, Analyst(inn)en und PR-Manager/innen fungieren, mit dem Hyperreichtum weniger Familienclans exponentiell zu.

Andrew Sayer unterstreicht, dass der Neoliberalismus in den stark von ihm beeinflussten Ländern einen Wandel der Klassenverhältnisse bewirkt habe: »Dieser Wandel besteht nicht allein in einer

22 Rutger Bregman, Utopien für Realisten. Die Zeit ist reif für die 15-Stunden-Woche, offene Grenzen und das bedingungslose Grundeinkommen, 10. Aufl. Reinbek bei Hamburg 2020, S. 165

Verschiebung von Macht und Wohlstand zugunsten der Reichen, wie sie am deutlichsten in einer Schwächung der organisierten Arbeiterschaft und der Bereicherung der 1 % in den industrialisierten Ökonomien zum Ausdruck kommt. Er verschiebt auch die Macht *innerhalb* der reichen Klasse: von denen, die ihr Geld vorwiegend durch Verfügung über die Produktion von Gütern und Dienstleistungen machen, zu denen, deren Einkommen sich vorwiegend der Verfügung über bereits existierende Vermögenswerte verdankt, die Mieten und andere ökonomische Renten, Dividenden oder Kapitalgewinne abwerfen, einschließlich solcher aus der Spekulation mit Finanzprodukten.«[23]

Reich wird am schnellsten, wer mit dubiosen Finanzprodukten (Derivaten, Futures und Optionen) handelt, auf den internationalen Kapitalmärkten mit hohem Risiko investiert und erfolgreich an den Börsen spekuliert. Wetten auf die Kursentwicklung von Anleihen, Aktien, Devisen und Rohstoffen bestimmen das Geschehen auf den entfesselten Finanzmärkten. Deren wichtigste Akteure sind (Investment-)Banker, Broker und Börsianer. Dagegen gehören Millionen (Langzeit-)Erwerbslose, prekär Beschäftigte, Alleinerziehende, kinderreiche Familien, Senior(inn)en und Migrant(inn)en von Beginn an zu den Verlierer(inne)n, weil sie gar nicht mitspielen (können) und die schwächste Position in einer vom Neoliberalismus dominierten Gesellschaft haben.

Globalisierung, Finanzialisierung und Digitalisierung sind jene drei Prozesse, welche die Zusammensetzung des Großkapitals seit der Jahrtausendwende am stärksten beeinflussten und bessere Verwertungsbedingungen für Investoren schufen. Zusammen mit den Nationalstaaten haben Finanzinvestoren die Start-ups im Bereich der Digitalwirtschaft und daraus in den seltensten Fällen erwachsende Internetkonzerne systematisch gefördert. Im digitalen Finanzmarktkapitalismus erfolgt sowohl eine beschleunigte Akkumu-

23 Andrew Sayer, Warum wir uns die Reichen nicht leisten können, a. a. O., S. 28 f. (Hervorh. im Original)

lation wie auch eine bisher unbekannte Konzentration des privaten Reichtums. Und welche Veränderungen hat die Sozialstruktur der kapitalistischen Gesellschaft seither erfahren? Sie ist zwar im Kern erhalten geblieben, der digitale Finanzmarktkapitalismus ist aber durch eine noch krassere Ungleichheit als der industrielle Monopolkapitalismus gekennzeichnet, was sich in den herrschenden Produktions-, Eigentums- und Klassenverhältnissen niederschlägt.

Natürlich verändern sich die Klassenverhältnisse einer Gesellschaft, wenn sich die Arbeits- und Lebensbedingungen der Mehrheit ihrer Mitglieder tiefgreifend wandeln. Mit dem Übergang vom industriellen Monopol- zum digitalen Finanzmarktkapitalismus war eine Fragmentierung und Polarisierung der Sozialstruktur bzw. eine stärkere Ausdifferenzierung der einzelnen Klassen bzw. Schichten verbunden. Die skizzierten Strukturveränderungen haben zu erheblichen Machtverschiebungen zwischen den Klassen, aber auch innerhalb derselbigen geführt. Obwohl es zu keiner grundlegenden Neuformierung der bestehenden Ungleichheitsverhältnisse gekommen ist, haben sich die Kräfteverhältnisse zwischen Kapital und Arbeit zulasten der Letzteren verändert. Durch die bewusste Stärkung der Finanzmärkte potenzierte sich der Reichtum, während die Armut aufgrund der vorprogrammierten Wirtschaftskrisen in die Mitte der Gesellschaft hinein expandierte.

3.2 Vom industriellen Proletariat zum Prekariat: Lohnabhängige im digitalen Finanzmarktkapitalismus

In der »alten« Bundesrepublik waren Niedriglöhne, von denen man selbst bei Vollzeiterwerbstätigkeit nicht leben konnte, außer für Beschäftigte auf »typischen Frauenarbeitsplätzen« und die sog. Gastarbeiter eher die Ausnahme. Während man in Westdeutschland höchstens die »armen Arbeitslosen« bemitleidete, gab es schon bald nach der Vereinigung von BRD und DDR mehr arbeitende Arme. Seither hat sich ein Niedriglohnsektor herausgebildet, der beinahe ein Viertel aller Beschäftigten umfasst, aber hinsichtlich seines Umfangs häufig unterschätzt wird.[24]

Mittlerweile ist dieser Niedriglohnsektor das Haupteinfallstor für Familien- und Kinderarmut sowie für spätere Altersarmut. Einerseits sind die Lohnquote und die Reallöhne besonders für Geringqualifizierte gesunken, andererseits trägt die Lohnspreizung ihr Teil zur Spaltung in Arm und Reich bei. Außerdem ist durch die Prekarisierung, Pauperisierung und soziale Polarisierung ein Akzeptanzproblem für das bestehende Wirtschaftssystem entstanden. »Der Kapitalismus bezieht seine Legitimität aus dem Versprechen, alle Menschen reicher zu machen. Wer von seiner Hände Arbeit leben musste, ist zuletzt aber nicht reicher, sondern ärmer geworden.«[25] Deshalb sind heute Millionen Arbeitnehmer/innen gezwungen, einer Nebenbeschäftigung – meist in Form eines Minijobs – nachzugehen und/oder ergänzend zu ihrem niedrigen Lohn als sog. Aufstocker/innen das Arbeitslosengeld II in Anspruch zu nehmen.

Dass die Anzahl weniger gut entlohnter Beschäftigter während der vergangenen Jahrzehnte zugenommen hat, wird meist auf den Ausbau und die personelle Stärkung des Dienstleistungsbereichs zurückgeführt. Hans-Günter Thien hebt stattdessen die Folgen der neoliberalen Privatisierungsoffensive für den gesellschaftlichen Arbeitskörper besonders hervor, wobei er vier Entwicklungstendenzen skizziert: Erstens nähere sich die Lage der angestellten Lohnarbeiter/innen jener der Produktionsarbeiter/innen (Facharbeiter/innen) an, deren Zahl zwar abnehme, ohne dass sie verschwänden; zweitens finde in beiden Gruppen eine zunehmende interne Differenzierung statt; drittens würden viele öffentliche Einrichtungen privatisiert und damit der Kapitalverwertung unterstellt, was erhebliche Auswirkungen auf die dort beschäftigten Lohnarbeiter/innen

24 Vgl. Markus M. Grabka / Carsten Schröder, Der Niedriglohnsektor in Deutschland ist größer als bislang angenommen, in: DIW-Wochenbericht 14/2019, S. 249 ff.

25 Mark Schieritz, Der Lohnklau. Warum wir nicht verdienen, was wir verdienen, und wer daran schuld ist, München 2015, S. 8

habe. Dies wiederum erhöhe viertens den ökonomischen Druck auf viele der noch immer im öffentlichen Bereich tätigen Beschäftigten, denen gegenüber die »knappen Kassen« des Staates geltend gemacht würden.[26] Zwar seien die Unterschiede zwischen einzelnen Gruppierungen der Lohnabhängigen nicht verschwunden, jedoch hätten Annäherungsprozesse zwischen ihnen stattgefunden.

Berthold Vogel, damals Projektleiter am Hamburger Institut für Sozialforschung, hat Prekarität und Prekariat als »Signalwörter neuer sozialer Ungleichheiten« bezeichnet, die geeignet seien, sich grundlegend verändernde gesellschaftliche Rahmenbedingungen für Armut und Unterversorgung zu kennzeichnen, zumal damit der Einfluss von Regierungshandeln auf deren Reproduktion markiert werde: »Das Prekariat – die Grenzgänger des Arbeitsmarktes – ist wesentlich ein Produkt politischer Entscheidungen. Die Neujustierung der Arbeitsmarktpolitik (›Hartz-Gesetze‹), die ein wesentlicher Teil der Geschichte der Prekarität ist, hat zu einer partiellen (nicht generellen) Aufweichung arbeitsrechtlicher Begrenzungen geführt, sie hat die Vervielfältigung von Beschäftigungs- und Statusformen vorangetrieben, und sie hat sich von der Leitlinie verabschiedet, den erreichten Qualifikations- und Sozialstatus derer zu schützen, die ihre alte Arbeit verloren haben und auf der Suche nach neuer sind.«[27]

Callcenter-Beschäftigte, Fahrradkuriere, andere Freelancer und Multijobber/innen bilden zusammen mit den Cloud-, Crowd- bzw. Clickworker(inne)n der digitalen Plattformökonomie das Prekariat, dessen Mitglieder, einem modernen Subproletariat vergleichbar, oft genug von der Hand in den Mund und trotz anstrengender Vollzeittätigkeit und vieler Überstunden zumindest am Rande der Armut leben. Der britische Sozialwissenschaftler Colin Crouch spricht von

---

26 Vgl. Hans-Günter Thien, Nachwort 2018: Notizen zur neueren Diskussion, in: ders., Die verlorene Klasse – ArbeiterInnen in Deutschland, 2. Aufl. Münster 2018, S. 214

27 Berthold Vogel, Prekarität und Prekariat – Signalwörter neuer sozialer Ungleichheiten, in: Aus Politik und Zeitgeschichte. Beilage zur Wochenzeitung Das Parlament 33-34/2008, S. 17

einer Lüge, die im Mittelpunkt der modernen Gig-Ökonomie stehe: »Die Plattformanbieter machen ihren Arbeitskräften vor, dass sie selbständige Unternehmer seien, während sie in Wirklichkeit nur durch und durch subalterne, streng überwachte Rädchen einer gewaltigen Gewinnmaximierungsmaschinerie sind.«[28]

Unter dem anhaltenden Trend zur Prekarisierung von Arbeitsbedingungen leiden Millionen Menschen, die kein sozialversicherungspflichtiges Beschäftigungsverhältnis mehr haben, das ihnen Schutz vor elementaren Lebensrisiken bietet. Wenn dieser halbwegs gegeben ist, leisten sie vielfach befristete oder Leiharbeit, manchmal auch in (Zwangs-)Teilzeit. Zwar hat sich die offiziell registrierte Arbeitslosigkeit zwischen 2005 und 2020 halbiert; wenn man die Zahl der »Unterbeschäftigten« und die »Stille Reserve«-Armee des Arbeitsmarktes mitrechnet, erscheint die Arbeitsmarktentwicklung nach einer fast zehn Jahre währenden Hochkonjunktur allerdings in einem weniger rosigen Licht. Dass die Zahlen in der pandemischen Ausnahmesituation des Frühjahrs 2020 wieder nach oben schnellten, zeigt jedenfalls, wie fragil der Zustand des Arbeitsmarktes nicht bloß wegen der Exportlastigkeit des größten EU-Landes ist.

Es scheint, als löse das Prekariat das Proletariat als unterste Schicht ab. Der britische Ökonom Guy Standing betrachtet das Prekariat daher fälschlicherweise als eine neue Klasse, die jedoch noch im Entstehen sei. *Klassen*eigenschaften bescheinigt Standing dem Prekariat aus mehreren Gründen: »Es besteht aus Menschen, die ein minimales Vertrauensverhältnis zu Kapital und Staat haben, was einen großen Unterschied zu den Angestellten darstellt. Zudem verfügt es, im Gegensatz zum Proletariat, nicht über einen Gesellschaftsvertrag, welcher Beschäftigungssicherheit im Austausch für Unterordnung und bedingte Loyalität bot. Ohne Vertrauen und Sicherheit im Austausch für Unterordnung ist das Prekariat in Klassenfragen etwas Eigenes.«[29]

28 Colin Crouch, Gig Economy. Prekäre Arbeit im Zeitalter von Uber, Minijobs & Co., Berlin 2019, S. 123

29 Guy Standing, Prekariat. Die neue explosive Klasse, Münster 2015, S. 20

Da es den Prekarier(inne)n oder Prekarisierten jedoch viel schwerer als den Proletarier(inne)n im »klassischen« Industriekapitalismus fällt, sich als Kollektiv mit gemeinsamen Interessen zu begreifen, ein gesellschaftskritisches Bewusstsein zu entwickeln und sich zu organisieren, gelingt es ihnen bisher trotz gewerkschaftlicher Unterstützung höchstens ansatzweise, basale Arbeitnehmerrechte, Tarifverträge, Sozialstandards, bessere Arbeitsbedingungen und einen höheren Lohn durchzusetzen, zumal die Rückendeckung durch Parlamente, Regierungen und Verwaltungen weitgehend fehlt.

Der zum 1. Januar 2015 eingeführte Mindestlohn hat kaum etwas am Lohndumping in Deutschland geändert, weil er zwar ein Fortschritt, aber viel zu niedrig und deshalb nur in Grenzen zur Armutsbekämpfung geeignet war. Die untersten Einkommensgruppen, in denen sich viele Frauen, Ostdeutsche und Migranten befinden, haben vom Mindestlohn am meisten profitiert, obwohl selbst laut einer konservativen DIW-Schätzung ca. 1,3 Millionen anspruchsberechtigte Personen im Rahmen einer Hauptbeschäftigung im Jahr 2017 unterhalb des seinerzeit gültigen Satzes von 8,84 Euro brutto pro Stunde verdienten.[30] Nach zwei Jahren erstmals erhöht, stieg der gesetzliche Mindestlohn am 1. Januar 2019 auf 9,19 Euro, am 1. Januar 2020 auf 9,35 Euro und am 1. Januar 2021 auf 9,50 Euro. Bis zum 1. Juli 2022 steigt er schrittweise auf 10,45 Euro, ohne dass seine Bezieher/innen über die Armuts(risiko)schwelle hinausgelangen, wenn man diese bei 50 oder 60 Prozent des mittleren Lohns (aller Vollzeitbeschäftigten) ansetzt.

Klaus Dörre weist auf die Wiederkehr der sozialen Unsicherheit, das Wachsen der Existenzängste auch im Kernbereich der industriellen Stammbelegschaften und die mentalen Auswirkungen solcher Erosionsprozesse hin: »Einem Bumerangeffekt gleich sorgt die Konkurrenz der Prekarier dafür, dass die Stammbelegschaften ihre Festanstellung als Privileg empfinden, das es mit Zähnen und Klauen zu

30 Vgl. Alexandra Fedorets / Markus M. Grabka / Carsten Schröder, Mindestlohn: Nach wie vor erhalten ihn viele anspruchsberechtigte Beschäftigte nicht, in: DIW-Wochenbericht 28 / 2019, S. 486 und 484

verteidigen gilt. Auch die Mobilisierung von Ressentiments gegen Andere, weniger Leistungsfähige, Arbeitslose und Arme kann dafür ein Mittel sein.«[31] Weil den prekär Beschäftigten die Möglichkeit einer verlässlichen Lebensplanung fehlt und der soziale Abstand zur eigentlichen Wunschposition neben existenzieller Unsicherheit eine Mixtur aus Scham, Verzweiflung und Wut erzeugt, spricht Dörre in diesem Zusammenhang von einer permanenten Gratwanderung: »Beständig gilt es, alle Energien zu mobilisieren, um den Sprung in eine bessere Position doch noch zu schaffen; lässt man in seinen Anstrengungen nach, droht die Gefahr eines dauerhaften Ausschlusses von regulärer Erwerbsarbeit.«[32]

Erheblich zu denken geben muss, dass sich unter den (relativ) Armen hierzulande inzwischen mehr prekär Beschäftigte als Erwerbslose befinden.[33] Prekarität ist jedoch nicht mit Armut gleichzusetzen, bezeichnet vielmehr eine ambivalente Soziallage, die zwischen Auf- und Abstieg oszilliert. »Prekarität ist wesentlich durch soziale Gefährdung gekennzeichnet, die sich durch viele Parameter auszeichnet, von denen einige je individuell in den Vordergrund treten können, als zentrale Determinante des subjektiven Bewusstseins oder autoimaginärer Verarbeitung prekären Eingebettetseins in soziale Zusammenhänge: Geflecht aus Unsicherheiten, bestehend aus verschiedenen Fäden und Strängen: beruflich, familial, bezogen auf soziale Beziehungen wie Freundes- und Bekanntenkreise, Ortsbindungen, Mobilitätskonfigurationen, Ernährungssicherheit …«[34]

---

31 Klaus Dörre, Armut, Abstieg, Unsicherheit: Die soziale Frage am Beginn des 21. Jahrhunderts, in: Aus Politik und Zeitgeschichte 33-34/2008, S. 5

32 Ders., Prekarität im Finanzmarkt-Kapitalismus, in: Robert Castel/Klaus Dörre (Hg.), Prekarität, Abstieg, Ausgrenzung. Die soziale Frage am Beginn des 21. Jahrhunderts, Frankfurt am Main/New York 2009, S. 53

33 Vgl. Ulrich Schneider, Wer sind die Armen? – Von falschen Bildern und neuen Daten, in: Soziale Sicherheit 12/2018, S. 449 f.

34 Robert F. Riesinger, Prekarisierung und Prekarität. Zur Differenzierung zentraler Begriffe, in: Rolf Hepp/Robert Riesinger/David Kergel (Hg.), Verunsicherte Gesellschaft. Prekarisierung auf dem Weg in das Zentrum, Wiesbaden 2016, S. 235

Prekäre und/oder atypische Beschäftigungsverhältnisse, unter denen Mini- bzw. Midijobs, Leih- bzw. Zeitarbeit, (Zwangs-)Teilzeit, Scheinselbstständigkeit sowie befristete, Werk- und Honorarverträge dominieren, sind längst keine Randerscheinung in Deutschland mehr, wo sich das bisherige Normalarbeitsverhältnis auf dem Rückzug befindet. Nachdem sich viele (süd)osteuropäische Werkvertragsarbeiter/innen, die für Subunternehmen in deutschen Fleischbetrieben arbeiteten und oft in überbelegten, häufig zu horrenden Mieten bewohnten Mehrbettzimmern von heruntergekommenen Gemeinschaftsunterkünften lebten, mit dem neuen Coronavirus infiziert hatten, plädierte Bundesarbeitsminister Hubertus Heil im Frühjahr 2020 für ein Verbot der Werkverträge und der Leiharbeit. Allerdings konnte sich die Regierungskoalition von CDU, CSU und SPD trotz der skandalösen Zustände in Großschlachtereien und Fleischfabriken nicht dazu durchringen, die Ausbeutung nach Art einer modernen Sklaverei generell zu unterbinden, sondern beschränkte sich auf eine gesetzliche Neuregelung für diese Branche. Hätte man das Problem an der Wurzel packen wollen, wäre die Privatisierung der kommunalen Schlachthöfe durch am Neoliberalismus orientierte Politiker seit den 1970er-Jahren mitsamt ihren verheerenden Auswirkungen in den Fokus geraten.

Bad Jobs bzw. McJobs sind auch in anderen Wirtschaftszweigen an die Stelle tariflich entgoltener, sozialversicherungspflichtiger Vollzeitstellen getreten. Darüber hinaus ist eine wachsende Lohnungleichheit festzustellen, die mit höherer Beanspruchung durch Schicht-, Nacht- und Sonntagsarbeit vornehmlich im unteren (Dienstleistungs-)Segment des Arbeitsmarktes einhergeht. (Zwangs-)Teilzeit, von der insbesondere Frauen betroffen sind, hat ebenfalls stark zugenommen. Gleichzeitig weitete sich jener Sektor aus, in dem totale Perspektivlosigkeit, Not und Verelendung die Lebenslagen der Menschen bestimmen. Bemerkenswert ist also nicht, dass es in der Bundesrepublik eine Unterschicht gibt, sondern dass sich die soziale Polarisierung seit 1989/90 im Sinne einer doppelten Spaltung quantitativ wie qualitativ erheblich deutlicher ausgeprägt hat.

In einer Arbeitswelt, die durch massiven Druck auf die Beschäftigten gekennzeichnet ist, wird Prekarität immer mehr zur Normalität. Wie sich die Arbeitswelt im Zuge der weiteren Digitalisierung entwickelt, liegt jedoch noch weitgehend im Dunkeln. Unter dem Stichwort »Industrie 4.0« wird aufgrund der forcierten Digitalisierung häufig ein drastischer Jobrückgang prognostiziert, verbunden mit der Hoffnung, dass Automaten, Roboter und Künstliche Intelligenz (KI) die menschliche Arbeitskraft in nächster Zeit ersetzen und damit die Art der gesellschaftlichen Wertschöpfung revolutionieren. Dieser Traum von einer »menschenleeren« Fabrik, in der niemand mehr monotone Routinetätigkeiten verrichten muss, ist fast genauso alt wie die Fabrik selbst.[35]

Für potenziell Betroffene hat die jahrhundertealte Angst vor der Automatisierung des Produktionsprozesses die Gestalt einer Dystopie der Digitalisierung angenommen, die massenhaft Arbeitsplätze, Wohlstand und Zukunftsperspektiven vernichtet. Allerdings ist bisher sowohl eine dadurch induzierte Explosion der Arbeitsproduktivität wie auch ein Rückgang der Erwerbstätigkeit ausgeblieben. Beides wären Indizien für drohende katastrophale Auswirkungen der Digitalisierung. Folglich dürfte es auch nicht zu einer technologisch bedingten Massenerwerbslosigkeit kommen, weil genügend neue Arbeitsplätze, Beschäftigungsfelder und Berufe entstehen.

Zur arbeitenden Klasse gehört selbstverständlich nicht bloß die kleine Minderheit der Prekarier bzw. Prekarisierten, sondern auch die große Zahl der (Fach-)Arbeiter, Angestellten, Arbeitslosen und Rentner/innen, während Beamte einen beruflichen Sonderstatus genießen. Arbeiter und Angestellte im öffentlichen Dienst sind jedoch nicht mit ihren Kolleg(inn)en in der Privatwirtschaft, Industriebeschäftigte nicht mit Landarbeiter(inne)n und Beschäftigten im Dienstleistungssektor gleichzusetzen. Die alte »Kragenlinie« zwischen Arbeitern und Angestellten hat an Bedeutung für Einkom-

35 Vgl. Karsten Uhl, Eine lange Geschichte der »menschenleeren Fabrik«. Automatisierungsvisionen und technologischer Wandel im 20. Jahrhundert, in: Florian Butello / Sabine Nuss (Hg.), Marx und die Roboter, a. a. O., S. 88

men und Ansehen verloren, die Lohn- bzw. Gehaltsabhängigkeit der Beschäftigten ist erhalten geblieben.

Seit die Arbeiterschaft zum Auslaufmodell der »Dienstleistungsgesellschaft« erklärt worden ist, haben Angestellte, Selbstständige und Freiberufler/innen an gesellschaftlichem Ansehen gewonnen. Der frühere Gewerkschaftssekretär Peter Kern bezeichnet die Bundesrepublik als »Gesellschaft der Angestellten«, die eine Kultur ausgebildet habe, wie sie im Verwaltungsbereich herrsche. Im Unterschied zum Gros der Industriearbeiter/innen hätten die meisten Angestellten nie gelernt, ihre soziale Lage anders als aus einem individuellen Blickwinkel zu betrachten, und daher meistenteils ein ambivalentes Verhältnis zu den (Industrie-)Gewerkschaften. Einerseits bewunderten sie den Schutz, den eine solche Organisation den »Gewerblichen« biete, andererseits fürchteten sie, bei ihren Chefs anzuecken, wenn ihre Sympathie für das Koalitionsrecht aktenkundig werde.[36]

3.3 Zwischen sozialen Aufstiegsillusionen und realen Abstiegsängsten: Mittelschicht im Fahrstuhl, auf der Rolltreppe oder im Paternoster?

Eine breite, in ungefährdetem Wohlstand und sozialer Sicherheit lebende Mittelschicht war lange das Markenzeichen der westdeutschen Sozialstruktur. Joachim Bischoff und Bernhard Müller haben die zweieinhalb Jahrzehnte zwischen 1950 und 1975 als »goldene(s) Zeitalter der Mittelschicht« bezeichnet, das sich einer beschleunigten Kapitalakkumulation während dieser Epoche verdankte, aber entgegen dem herrschenden »Wirtschaftswunder«-Glauben nicht dauerhaft war.[37] Allerdings gewann die Mittelschicht damals er-

36 Vgl. Peter Kern, Die Angestellten zwischen Büroalltag und Fluchtphantasie, Münster 2019, S. 126f.

37 Siehe Joachim Bischoff/Bernhard Müller, Berliner Republik: eine Klassengesellschaft. Soziale Spaltungen, Wut auf das Establishment und rechte Ressentiments, Hamburg 2019, S. 75

heblich an Umfang, weil ihr ökonomisches Fundament relativ hohe Reallöhne und eine durch starke Gewerkschaften und wirksame Flächentarifverträge begrenzte Einkommenspolarisierung bildeten, abgesichert durch Sozialversicherungen in einem nach dem Zweiten Weltkrieg systematisch ausgebauten Wohlfahrtsstaat.[38] Gerhard Bosch und Thorsten Kalina vom Institut Arbeit und Qualifikation (IAQ) der Universität Duisburg-Essen weisen allerdings darauf hin, dass die wirtschaftliche Basis der Mittelschicht bereits während der 1990er-Jahre bröckelte, weil der durch CDU, CSU und FDP reformierte Sozialstaat die Verschlechterung ihrer Position in der Primärverteilung bei der Sekundärverteilung immer weniger kompensierte.

Zu keinem Zeitpunkt gab es in Deutschland eine »nivellierte Mittelstandsgesellschaft«, wie Helmut Schelsky die Bundesrepublik im beginnenden »Wirtschaftswunder« der frühen 1950er-Jahre genannt hat. Der konservative Soziologe behauptete damals, die Klassengegensätze hätten sich in ein »gleichförmiges Sozialbewußtsein« aufgelöst, die Realeinkommen, der Geschmack und der Lebensstil sich weitgehend angeglichen.[39] Was vielen Zeitgenoss(inn)en als »Demokratisierung des Konsums« erschien, wurde mit einer materiellen Egalisierung der westdeutschen Nachkriegsgesellschaft verwechselt. Weder beim Einkommen noch beim Vermögen konnte man jedoch von einem Nivellierungsprozess sprechen. Wie der Bielefelder Wirtschaftshistoriker Werner Abelshauser belegt, haben gerade die mittleren Einkommensgruppen während der 1950er-Jahre im Vergleich zu den oberen und unteren deutlich an Boden verloren.[40] Das vom Bundesministerium für Arbeit und Sozialordnung in Auftrag gege-

---

38 Vgl. Gerhard Bosch / Thorsten Kalina, Die deutsche Mittelschicht aus der Arbeitsmarktperspektive, in: Kai Eicker-Wolf / Achim Truger (Hg.), Ungleichheit in Deutschland – ein »gehyptes Problem«?, Über die Verteilungsrealität und Möglichkeiten ihrer Gestaltung, Marburg 2017, S. 138

39 Siehe Helmut Schelsky, Wandlungen der deutschen Familie in der Gegenwart. Darstellung und Deutung einer empirisch-soziologischen Tatbestandsaufnahme, Dortmund 1953, S. 224 f.

40 Vgl. Werner Abelshauser, Deutsche Wirtschaftsgeschichte. Von 1945 bis zur Gegenwart, 2. Aufl. München 2011, S. 346

bene sog. Krelle-Gutachten über Möglichkeiten und Ziele der Ertragsbeteiligung von Arbeitnehmer(inne)n belegte, dass es selbst auf dem Höhepunkt des sog. Wirtschaftswunders im Jahr 1960 eine ausgeprägte Vermögensungleichheit gab: 1,7 Prozent der Bevölkerung gehörten damals nicht weniger als 70 Prozent des Produktivkapitals.[41]

Charlotte Bartels, wissenschaftliche Mitarbeiterin des DIW, hat im Rahmen einer Langzeituntersuchung der Einkommensverhältnisse in Deutschland eine starke Konzentration am oberen Rand festgestellt: »Von Mitte der 1950er bis in die 1980er Jahre schwankte der Einkommensanteil des obersten Perzentils zwischen elf und 13 Prozent und war damit höher als der entsprechende Anteil der gleichen Gruppe in den USA, Großbritannien und Frankreich zu dieser Zeit.«[42]

Die Berliner Wirtschaftspublizistin Ulrike Herrmann bemerkte wegen der sich in solchen Zahlen manifestierenden Verteilungsschieflage mehrere Jahrzehnte später zu Recht, dass die junge Bundesrepublik zwar unter dem – zweifellos irreführenden Etikett – der Sozialen Marktwirtschaft firmiert habe, aber »eine ausgeprägte Klassengesellschaft« geblieben sei.[43] Die engagierte Publizistin Julia Friedrichs brachte es auf den Punkt: »Selbst wenn wir uns als modern, tolerant, individualistisch empfinden, leben wir noch immer in einer Gesellschaft, die mit dem altmodischen Wort ›Klassengesellschaft‹ gut beschrieben ist.«[44] Wenn man die neuen Spaltungs-

41 Vgl. Überbetriebliche Ertragsbeteiligung der Arbeitnehmer. Mit einer Untersuchung über die Vermögensstruktur der Bundesrepublik Deutschland, Als Forschungsauftrag des Bundesministeriums für Arbeit und Sozialordnung bearbeitet von Wilhelm Krelle, Johann Schunck und Jürgen Siebke, Bd. 2, Tübingen 1968, S. 381

42 Charlotte Bartels, Einkommensverteilung in Deutschland von 1871 bis 2013: erneut steigende Polarisierung seit der Wiedervereinigung, in: DIW-Wochenbericht 3/2018, S. 55

43 Siehe Ulrike Herrmann, Deutschland, ein Wirtschaftsmärchen. Warum es kein Wunder ist, dass wir reich geworden sind, 2. Aufl. Frankfurt am Main 2019, S. 106

44 Julia Friedrichs, Deutschland, eine Klassengesellschaft, in: Jochen Dahm/Thomas Hartmann/Max Ostermayer (Hg.), Gleichheit! – Wirtschaftlich richtig, politisch notwendig, sozial gerecht, Bonn 2017, S. 40

tendenzen berücksichtigt, ist Deutschland heute sogar mehr denn je eine Klassengesellschaft. Deshalb riet der *Freitag*-Herausgeber Jakob Augstein: »Wir sollten uns an den Begriff wieder gewöhnen. Die Zeiten, in denen ein sozialpolitisch eingehegter Kapitalismus ›Wohlstand für alle‹ (Ludwig Erhard) zumindest möglich erscheinen ließ, sind vorbei. Die Ära der Sozialen Marktwirtschaft ist beendet.«[45]

Wie die Berliner Historikerin Dagmar Hilpert in ihrer Doktorarbeit nachwies, hatten die Angehörigen der Mittelschicht besonders in den späten 1950er-, den 1960er- und den frühen 1970er-Jahren stark vom Ausbau der Leistungen und Fördermaßnahmen des Wohlfahrtsstaates in der Arbeitsmarkt-, Familien-, Renten- und Wohnungspolitik profitiert: »Die sozialen Transfers trugen zur Verbesserung der wirtschaftlichen Lage und damit der Lebensverhältnisse der mittleren Schichten bei; insofern können die Mittelschichten auch als ›Profiteure‹ der wohlfahrtsstaatlichen Expansion bezeichnet werden.«[46] Zugleich begünstigten die Erweiterung der wohlfahrtsstaatlich induzierten Beschäftigung und die Professionalisierung der Sozialen Arbeit den beruflichen Aufstieg von Mittelschichtangehörigen.

Umso massiver wurde die Mittelschicht vom »Um-« bzw. Abbau des Sozialstaates getroffen, als Finanz- und Wirtschaftskrisen die Bundesrepublik erfassten. Am 5. März 2008 legten Mitarbeiter des Deutschen Instituts für Wirtschaftsforschung eine Studie vor, nach der die Mittelschicht zerbröckelte und viele Durchschnittsverdiener/innen nach unten abrutschten. Markus M. Grabka und Joachim R. Frick hatten auf der Grundlage von SOEP-Daten festgestellt, dass die »Schicht der Bezieher/innen mittlerer Einkommen«, d. h. jener Bevölkerungsgruppe, deren bedarfsgewichtetes Haushaltsnettoeinkommen zwischen 70 und 150 Prozent des Medians betrug, im

45 Jakob Augstein, Agenda 2010: Jahrhundertreform oder Anfang vom Ende der Gerechtigkeit?, in: Jakob Augstein / Nikolaus Blome, Oben und Unten. Abstieg, Armut, Ausländer – was Deutschland spaltet, München 2019, S. 57

46 Dagmar Hilpert, Wohlfahrtsstaat der Mittelschichten?, Göttingen 2012, S. 299

Zeitraum zwischen 2000 und 2006 von 62 Prozent auf 54 Prozent geschrumpft war. »Dabei überwiegen Bewegungen nach unten, was unter anderem durch zunehmende Risiken und längere Dauer von Arbeitslosigkeit sowie die niedrigeren Lohnersatzleistungen beim Bezug von Arbeitslosengeld II erklärt werden kann. Ein anderer Faktor ist die Flexibilisierung des Arbeitsmarktes, die sich unter anderem in einer abnehmenden Bedeutung des ›klassischen‹ Normalarbeitsverhältnisses (im Sinne einer unbefristeten Vollzeitstelle) ausdrückt.«[47] Aufgrund einer ausgeprägten Tendenz zur Einkommensspreizung hätten die Ränder der Einkommensverteilung an Bedeutung gewonnen, während die verfügbaren Realeinkommen seit der Wiedervereinigung nur mäßig gestiegen und im Zeitraum von 2003 bis 2006 sogar deutlich zurückgegangen seien.

Erneut beschäftigte sich die Medienöffentlichkeit mit Verteilungsfragen und der zunehmenden sozioökonomischen Ungleichheit. Im *Spiegel* (v. 3.3.2008), der über die Ergebnisse unter dem Titel *Wo ist die Mitte? – Jahrzehntelang prägte sie das Land. Nun zeigen neueste Zahlen: Die deutsche Mittelschicht leidet an akuter Auszehrung* vorab berichtete, charakterisierten Michael Sauga und Benjamin Triebe die DIW-Studie als »erschreckende Zustandsbeschreibung der deutschen Gesellschaft«. Sehr viel dramatischer, alarmistischer und schriller als sonst üblich, wenn es »nur« um die Armut des unteren Randes ging, klang die soziale Diagnose jetzt: »Zunächst langsam und dann immer schneller hat die ökonomische und soziale Spaltung mittlerweile das Zentrum der bundesdeutschen Gesellschaft erfasst.« Die für den sozialen Zusammenhalt unersetzliche Mittelschicht erodiere, und zwar in einem rasanten Tempo, vor allem jedoch ohne Hoffnung, dass sich dieser Prozess aufhalten oder umkehren lasse. In den vergangenen Jahren sei die Anzahl der sozialen Absteiger um mehr als ein Drittel gestiegen, schrieben Sauga und Triebe weiter: »Jeder vierte Deutsche gehört

47 Markus Grabka / Joachim Frick, Schrumpfende Mittelschicht – Anzeichen einer dauerhaften Polarisierung der verfügbaren Einkommen?, in: DIW-Wochenbericht 10 / 2008, S. 107

[...] mittlerweile zu den sogenannten armutsgefährdeten Schichten – mehr als je zuvor.« Es sei ein düsteres Bild, das die beiden Verteilungsforscher des Deutschen Instituts für Wirtschaftsforschung von der sozialen Verfassung unseres Landes zeichneten, meinten die *Spiegel*-Redakteure: »Einer prosperierenden Oberschicht steht eine wachsende Unterklasse der Absteiger und Ausgestoßenen gegenüber, während in der Mittelschicht die begründete Sorge wächst, bald selbst zu den Verlierern zu gehören.«

Angesichts der Tatsache, dass die Internationale Arbeitsorganisation (ILO) den Niedriglohn bei weniger als zwei Dritteln des mittleren Bruttostundenlohns ansetzt, war es methodisch zweifelhaft, dass Grabka und Frick die »Mittelschicht« unter Ausblendung der Klassenlage, der sozioökonomischen Position, des Berufs, der Schulbildung usw. im Bereich zwischen 70 und 150 Prozent des Nettoeinkommens (Medianwert) lokalisierten. Auch war die Mittelschicht hierzulande immer und ist heute noch mehr als eine bloße Einkommensklasse, nämlich zumindest auch eine sozialstrukturelle Kategorie und eine zugeschriebene, aber deutlich »gefühlte« Realität.[48]

Der Berliner Soziologe Martin Kronauer wies zudem darauf hin, dass auf der politischen Ebene keine ernsthafte Auseinandersetzung mit der wachsenden sozialen Ungleichheit, ihren subjektiven Verarbeitungsformen und gesellschaftspolitischen Implikationen stattfinde. Ungleichheitsthemen tauchten zwar in den Medien und der politischen Diskussion regelmäßig auf, wenn eine Studie wieder einmal entsprechende Zahlen vorlege. Sie erregten dann für kurze Zeit die Gemüter, verschwänden aber schon bald wieder von der Bildfläche einer auf Kaufkraft und Wählerstimmen fixierten »Öffentlichkeit«, wie sich in der »Unterschichtendebatte« des Herbstes 2006, bei jeder Veröffentlichung eines Armuts- und Reichtumsberichts sowie im Rahmen der Diskussion um die Zukunft der »gesellschaftlichen Mitte« zeige.

48 Vgl. Martin Kronauer, Verunsicherte Mitte, gespaltene Gesellschaft?, in: WSI-Mitteilungen 7/2008, S. 373

Als im Frühsommer 2008 über den Dritten Armuts- und Reichtumsbericht der Bundesregierung diskutiert wurde, fällte Hans-Werner Sinn, damals Präsident des ifo Instituts für Wirtschaftsforschung an der Universität München, in der *Wirtschaftswoche* (v. 26.5.2008) unter dem Titel *Bedarfsgewichteter Käse* sein neoliberales Werturteil zur sozialen Ungleichheit und zur Entwicklung der Mittelschicht. Die wachsende Ungleichheit der Markteinkommen führte der Münchner Ökonom auf exogene Faktoren wie die Niedriglohnkonkurrenz seitens der osteuropäischen Transformationsländer zurück. Sinn kritisierte, dass der Berichtsentwurf die deutschen »Arbeitsmarkterfolge« der vorangegangenen Jahre nicht berücksichtige und schon veraltet sei, bevor er überhaupt veröffentlicht werde. Da dieser bedarfsgewichtete und nicht Pro-Kopf-Einkommen zugrunde lege, führe eine Verringerung der Haushaltsgröße, wie sie zuletzt stattgefunden habe (Erosion der Familien, Zunahme der Singles und ökonomisch motiviertes Auseinanderziehen von Hartz-IV-Bedarfsgemeinschaften), rechnerisch zur Verringerung des Einkommens und damit zu einem höheren Anteil armutsgefährdeter und aus der Mittelschicht fallender Personen. Die deutsche Öffentlichkeit rege sich über die vermeintliche Ungerechtigkeit der Marktwirtschaft auf, sei jedoch nur einem statistischen Artefakt aufgesessen.

Einen Tag, nachdem die Bundesregierung den dickleibigen Bericht verabschiedet hatte, kommentierte Dorothea Siems diesen Kabinettsbeschluss unter der Überschrift *Wir brauchen Ungleichheit* in der *Welt* (v. 26.6.2008). Ungleichheit werde hierzulande *fälschlicherweise* gern mit Ungerechtigkeit gleichgesetzt, denn dass, wer mehr lerne und mehr leiste, besser verdiene als ein »bequemer Kollege«, sei nicht bloß fair, sondern notwendig. Menschen würden durch unterschiedliche Einkommen zur Leistung animiert, wohingegen eine auf Gleichmacherei gerichtete Politik den Fleißigen bestrafe und damit falsche Anreize setze. »Der deutsche Wohlfahrtsstaat ist mitverantwortlich dafür, dass in Teilen der Gesellschaft der Aufstiegswille erlahmt ist. Wenn Hauptschüler als Berufswunsch ›Hartz IV‹ angeben, wenn Migranten in der dritten Generation nicht fließend Deutsch sprechen, wenn Langzeitarbeitslose überzogene Gehaltsvorstellungen haben, dann läuft etwas schief in diesem Land.« Das zentrale Problem sei gar nicht die soziale Ungleichheit, sondern mangelnde Mobilität, die der Staat durch mehr Druck auf die genannten Gruppen (»konsequentes Fordern«) fördern müsse.

Unter dem Titel *Die Mär vom sozialen Abstieg der Mitte* widersprach Dorothea Siems in der *Welt* (v. 7.8.2008) erneut dem vom DIW ausgemachten Trend und suchte die Gemüter zu beruhigen: »Zwar wächst die Kluft zwischen Arm und Reich – wie in allen Industrieländern. Denn die gut Qualifizierten profitieren von der Globalisierung, während die ungelernten Arbeiter zunehmend unter Druck geraten. Die Mitte aber erweist sich als relativ stabil.« In einem daneben platzierten Interview von Siems mit Paul Nolte bemängelte dieser Berliner Historiker, dass die Debatte »mittlerweile über das Ziel hinaus« schieße, und wies das »Gerede vom Abrutschen der Mitte« zurück: »Zwar ist für die Mittelschicht die Zeit stetigen Zuwachses vorbei. Wir haben eine Phase der Stagnation erreicht, was in der Bevölkerung Krisengefühle geweckt hat. Tatsächlich aber ist die Mittelschicht relativ stabil. Und sie hat sich bislang immer als erstaunlich kreativ und erneuerungsfähig erwiesen.« Vor allem für Frauen und Migranten verbessere der sich abzeichnende Fachkräftemangel die Chancen für einen sozialen Aufstieg.

Redakteure fast aller großen Tages- und Wochenzeitungen des Landes machten sich nunmehr Gedanken über den drohenden Zerfall der Mittelschicht sowie die sich vertiefende Kluft zwischen Arm und Reich. Ulrike Hermann wies in der *taz* (v. 22.1.2009) unter dem zweideutigen Titel *Vom Vermögen der Mittelschicht* darauf hin, dass sich die soziale Spaltung durch die Finanz- und Wirtschaftskrise verschärfe. Damit starte die Bundesrepublik in ein sozioökonomisches Experiment ohne historisches Vorbild: »Die Exportnation Deutschland muss lernen, sich von Exporten unabhängiger zu machen. Und die vermeintliche Mittelstandsgesellschaft muss sich der Realität stellen, dass sie sich wieder zu einer Klassengesellschaft entwickelt.« Elisabeth Niejahr und Kolja Rudzio hoben in der *Zeit*

(v. 22.1.2009) unter dem Titel *Die andere soziale Kluft* vor allem die wachsenden Vermögensunterschiede zwischen Ost- und Westdeutschen hervor. Sie zitierten einen »Verteilungsexperten« des Zentrums für Europäische Wirtschaftsforschung in Mannheim, der von der Krise eine Nivellierung der Vermögensunterschiede erwartete, ließen allerdings nicht unerwähnt, dass ganze Konzerne und Villen seit Jahresbeginn steuerfrei vererbt werden konnten.

Je mehr die gesellschaftliche Mitte unter ökonomischen Druck geriet oder gar erodierte, umso energischer weigerten sich manche ihrer Repräsentant(inn)en, Armut und Prekarität als traurige Realität des Gegenwartskapitalismus zu akzeptieren. »Die Umdeutung der sozialen Frage in ein bloßes Mentalitätenproblem passiver Leistungsempfänger bedient sich der – immer schon problematischen – Negativklassifikationen einer Gesellschaft, die so nicht mehr existiert. Sie verfehlt die spezifische Dynamik von Prekarisierungsprozessen, welche zunehmend auch zuvor saturierte Schichten in gesellschaftliche Nachbarschaft zu deklassierten Gruppen bringen.«[49]

Über einen Zeitraum von zehn Jahren rissen jene Kassandrarufe nicht ab, die eine finale Krise, die »Auflösung« oder das definitive »Ende der Mittelschicht« verkündeten. Auch das Deutsche Institut für Wirtschaftsforschung legte eine weitere Studie zu diesem Thema vor. Darin bestätigten Jan Goebel, Martin Gornig und Hartmut Häußermann den Trend einer zunehmenden Polarisierung der Einkommen. Während die Ärmeren nicht bloß mehr, sondern im Durchschnitt auch immer ärmer geworden seien, würden die Reichen sowohl mehr als auch reicher.[50] Die genannten Autoren warnten vor negativen Konsequenzen der Entwicklung für den gesellschaftlichen Zusammenhalt: »Eine starke Polarisierung der Einkommen kann die soziale Kohäsion gefährden, da die stabilisie-

49 Klaus Dörre, Armut, Abstieg, Unsicherheit: Die soziale Frage am Beginn des 21. Jahrhunderts, a. a. O., S. 6

50 Vgl. Jan Goebel / Martin Gornig / Hartmut Häußermann, Polarisierung der Einkommen: Die Mittelschicht verliert, in: DIW-Wochenbericht 24 / 2010, S. 5

rende Wirkung einer breiten Mittelschicht nachlässt, wenn die Lebens- und Konsumchancen und damit die Erfahrungswelten in der Bevölkerung sich stärker auseinanderentwickeln.«[51]

Markus M. Grabka, Jan Goebel, Carsten Schröder und Jürgen Schupp verglichen die Entwicklung in Deutschland mit jener in den USA, wobei sich einige interessante Parallelen ergaben. Ähnlich wie dort war die mittlere Einkommensschicht (von 67 Prozent bis unter 200 Prozent des Medians) von 1983, als sie noch 69 Prozent der Einkommensbezieher/innen umfasste, über 64 Prozent im Jahr 2001 auf 61 Prozent im Jahr 2013 geschrumpft. »Die Polarisierung ist in Deutschland geringer ausgeprägt als in den USA, nahm aber ebenfalls zu.«[52] Für bemerkenswert hielten es die DIW-Autoren, dass sich der seit 2006 feststellbare Beschäftigungsaufbau in der Bundesrepublik nicht in einer Zunahme oder wenigstens einer Stabilisierung des Anteils der Bezieher/innen mittlerer Einkommen niedergeschlagen habe.

In der Wirtschaftspublizistik wurde die Mittelschicht teilweise als vom Steuerstaat ausgeplündertes Opfer der Gesellschaftsentwicklung dargestellt.[53] Hingegen warnten die Dortmunder Soziologinnen Nicole Burzan, Silke Kohrs und Ivonne Küsters auf der Grundlage einer qualitativen und quantitativen Untersuchung vor unnötiger Hysterie und wiesen darauf hin, dass erwerbstätige Mittelschichtangehörige trotz anderslautender Medienberichte und sozialwissenschaftlicher Befunde sicherer als erwartet seien: »Die Mittelschicht ist durch den gesellschaftlichen Wandel nicht grundsätzlich verunsichert. Ihre Angehörigen wollen durchaus Leistun-

---

51 Ebd., S. 3

52 Markus M. Grabka u. a., Schrumpfender Anteil an BezieherInnen mittlerer Einkommen in den USA und Deutschland, in: DIW-Wochenbericht 18/2016 (korrigierte Fassung), S. 397

53 Vgl. Michael Sauga, Wer arbeitet, ist der Dumme. Die Ausbeutung der Mittelschicht, München 2007; Hartwig Barthold, Stirbt die Demokratie? – Die Auflösung der Mittelschicht und ihre Konsequenzen, Frankfurt am Main 2009; Marc Beise, Die Ausplünderung der Mittelschicht. Alternativen zur aktuellen Politik, München 2009

gen für ihren beruflichen Erfolg erbringen (was nicht neu ist) oder verzichten je nach Bedingungskonstellation auf eine weitreichende Karriere zugunsten von Sicherheit, sofern sie ihren Lebensstandard dennoch absichern können.«[54] Wie sich herausstellte, machten sich Mittelschichtangehörige mehr Sorgen, wenn sie in Ostdeutschland wohnten, keinen Partner bzw. keine Partnerin hatten und/oder wenn sie mit Kindern im Haushalt lebten, während das Alter und das Geschlecht ohne nennenswerten Einfluss blieben.

Der Berliner Soziologe Ulf Kadritzke vermisste sowohl eine Klärung der Frage, wer die »Mitte« denn überhaupt sei, wie auch einen »Gesamtblick auf den Strukturwandel der Klassengesellschaft«, und bemängelte, dass die Forscherinnen das gesellschaftliche Trugbild der Mittelschicht als Realität ausgäben.[55] Kadritzke trat einer »begriffslosen Soziologie der Mitte« entgegen, in der »die herbeigeforschte Mentalitätskluft zwischen Antriebsschwachen und Leistungsstarken« das Klassenverhältnis von Kapital und Arbeit ersetze: »Die breite Mittelschicht beglaubigt die motivierende Kraft der Ungleichheit, weil die *Erziehung der Marktgefühle* geglückt erscheint. Gerade deshalb prägt die Sorge, dass diese Karte für die Mitte nicht mehr wie gewohnt sticht, die gegenwärtige Debatte weit stärker als die übergreifende Sorge um die wachsende Ungleichheit und deren Ursachen.«[56]

Uwe Schimank, Steffen Mau und Olaf Groh-Samberg, die Marxens klassentheoretische Prognosen durch die zwischenzeitliche Expansion der Mittelschichten widerlegt glauben, sehen in den Letzteren kein Auslaufmodell, sondern nach wie vor das »tragende Zentrum« heutiger Gesellschaften, halten ihren Angehörigen jedoch vor, durch ein Fondsinvestment als Kleinanleger ebenso wie durch eine Unterstützung des Sozialabbaus an dem

54 Nicole Burzan / Silke Kohr / Ivonne Küsters, Die Mitte der Gesellschaft: sicherer als erwartet?, Weinheim / Basel 2014, S. 183

55 Siehe Ulf Kadritzke, Mythos »Mitte«. Oder: Die Entsorgung der Klassenfrage, Berlin 2017, S. 65 f.

56 Ebd., S. 80 (Hervorh. im Original)

Ast zu sägen, auf dem sie selbst sitzen.[57] Zwar werden gut verdienende Facharbeiter/innen und andere Lohnabhängige im Finanzmarktkapitalismus scheinbar zu Miteigentümer(inne)n von Unternehmen, Kleinaktionär(inn)en oder Anteilseigner(inne)n eines Investmentfonds. Es handelt sich dabei jedoch in Wahrheit um eine Art sekundärer Enteignung, denn das geringe Geldvermögen der arbeitenden Bevölkerung wird abgeschöpft, um es dem kapitalistischen Verwertungsprozess zuzuführen und diesen weiter anzukurbeln, ohne dass ihr Entscheidungsrechte hinsichtlich der Unternehmensführung oder des Anlageverhaltens eingeräumt würden. »Je größer die Macht der Aktionäre, desto mehr laufen die Arbeiter Gefahr, ihren Job zu verlieren, weil die Unternehmensführung Kosten einzusparen und mehr an die Aktionäre auszubezahlen versucht.«[58]

Statt über ihr (Spar-)Kapital etwa für die Altersvorsorge selbst zu verfügen, schließt das Unternehmen für die Belegschaft einen Vertrag mit einem Versicherungskonzern wie der Allianz ab und überantwortet sie damit der finanzmarktabhängigen Altersvorsorge. Nunmehr unterliegen die Beschäftigten als Kleinanleger/innen der Willkür hochbezahlter Fondsmanager, die nichts weiter im Sinn haben als eine permanente Steigerung der Rendite ihrer zahlungskräftigen Kunden.

Obwohl die Mittelschicht teilweise nach unten ausfranst, besteht ihr wohlständiger Kern trotz mancher Unkenrufe fort. Er ist deutlich größer als das Prekariat i. e. S. und bildet weiterhin den sozialstrukturellen Kristallisationskern der bürgerlichen Gesellschaft. Dass eine schleichende »Erosion der gesellschaftlichen Mitte« stattfindet, wie Bernhard Müller konstatiert, ist allerdings kaum zu bestreiten: »Die Menschen in prekären Lebensverhältnissen haben immer geringere Chancen, in die ›Mitte‹ aufzusteigen, während die

57 Siehe Uwe Schimank / Steffen Mau / Olaf Groh-Samberg, Statusarbeit unter Druck? – Zur Lebensführung der Mittelschichten, Weinheim / Basel 2014, S. 57, 7 und 83

58 Andrew Sayer, Warum wir uns die Reichen nicht leisten können, a. a. O., S. 112

Besserverdienenden und Vermögenden es immer besser schaffen, ihre Einkommensposition zu halten bzw. auszubauen.«[59] Das saturierte Besitzbürgertum muss auf absehbare Zeit nicht fürchten, im Status der Prekarität zu enden. Wer die unbestreitbare Tendenz zur Prekarisierung eines wachsenden Teils der Lohnarbeit verabsolutiert bzw. hypostasiert, verliert leicht die sozioökonomische Polarisierung als weiterhin dominantes Phänomen, das sowohl Aufwärts- wie auch (in vermehrtem Maße) Abwärtsmobilität beinhaltet, aus dem Blick.

Ihr stark auf die Mittelschicht fixierter Blick hat die deutsche Öffentlichkeit an der Erkenntnis gehindert, dass sich die wesentlichen Veränderungen der Sozialstruktur nicht im Zentrum, vielmehr an den Rändern unserer Gesellschaft abspielen: An dem einen Pol gewinnen die Übermacht des Großkapitals und der mit ihr wachsende Reichtum einer kleinen Minderheit dadurch eine neue Qualität, dass sich im Digitalzeitalter gigantische Vermögenskomplexe sowie Finanz- und Machtkonglomerate herausbilden; an dem anderen Pol sinken abhängig Beschäftigte durch massenhaftes Lohn- und Sozialdumping der Unternehmen sowie die fortschreitende Prekarisierung der Lohnarbeit, aber auch durch die Stigmatisierung, Marginalisierung und sozialräumliche Segregation von Geringverdiener(inne)n mit und ohne Migrationshintergrund auf das Niveau eines Subproletariats des Computerzeitalters herab.

Judith Niehues, Leiterin der Forschungsgruppe Mikrodaten und Methodenentwicklung am Institut der deutschen Wirtschaft (IW), plädiert dafür, die Sozialstruktur der Bundesrepublik »optimistischer« einzuschätzen, als dies in medialen Debatten geschehe. »Unabhängig davon, ob man Schichten nach dem Einkommen, der Bildung oder der subjektiven Selbsteinordnung abgrenzt: Deutschland ist eine Mittelschichtsgesellschaft, mit den meisten Menschen in der

59 Bernhard Müller, Erosion der gesellschaftlichen Mitte. Mythen über die Mittelschicht, Zerklüftung der Lohnarbeit, Prekarisierung und Armut, Abstiegsängste, Hamburg 2013, S. 50

Mitte der Bevölkerung.«[60] Die gesellschaftliche Mitte gibt es jedoch gar nicht, weil sich die Mittelschicht in ähnlicher Weise wie die Gesamtgesellschaft immer stärker ausdifferenziert. Der österreichische Soziologe Philipp Korom hat als Senior Researcher des Max-Planck-Instituts für Gesellschaftsforschung (MPLfG) innerhalb einer »heterogenen Mittelschicht«, wie er sie nennt, große Unterschiede beim Immobilienvermögen und beim Erbe ausgemacht. Während es sich bei der unteren Mittelschicht (60 bis 80 Prozent des Medianeinkommens) überwiegend um Mieterhaushalte handelt, deren Angehörige prekär Beschäftigte sind, Abschläge bei der Altersrente hinnehmen müssen und kaum auf ein Erbe hoffen können, ist das entscheidende Differenzmerkmal zwischen der Mitte im engeren Sinne (bis zu 150 Prozent des Medianeinkommens) und der oberen Mittelschicht (bis zu 250 Prozent des Medianeinkommens) laut Korom der Besitz einer oder mehrerer vermieteter Immobilien bzw. eines oder mehrerer verpachteter Grundstücke. »Die Mitte ist heute gespalten: Mieterhaushalte, die in der Regel nicht erben, stehen Eigentümerhaushalten mit Erbe gegenüber.«[61]

Jüngst hat Andreas Reckwitz der einflussreichen Formel, mit welcher Schelsky die Klassengegensätze in Westdeutschland übertünchte, neuen Glanz verliehen und eine duale Mittelklasse zum Gravitationszentrum der Gesellschaft erklärt. Während die »industrielle Moderne« bis in die 1980er-Jahre hinein »im Wesentlichen« die Sozialstruktur einer nivellierten Mittelstandsgesellschaft angenommen habe, sei die Bundesrepublik erst danach zu einer »Drei-Klassen-Gesellschaft« geworden: »Sie besteht aus drei umfangreichen Großgruppen: einer aufsteigenden, hochqualifizierten *neuen Mittelklasse* von Akademikern, einer stagnierenden *alten* oder tra-

60 Judith Niehues, Entwicklung der sozialen Ungleichheit in Deutschland – Fakten und subjektive Wahrnehmungen, in: Martin Dabrowski / Judith Wolf (Hg.), Armut und soziale Gerechtigkeit in Deutschland, Paderborn 2018, S. 36

61 Philipp Korom, Ungleiche Mittelschichten: Über Unterschiede im Immobilienvermögen und im Erbe innerhalb der Mitte Deutschlands, MPLfG Discussion Paper 17 / 14, Köln, August 2017, S. 23

ditionellen *Mittelklasse* und einer absteigenden neuen Unterklasse oder *prekären Klasse.* Diese Klassen unterscheiden sich in ihrer kulturellen Lebensführung, ihrer Ressourcenausstattung und ihrem Ort im sozialen Machtgefüge deutlich voneinander – bis hin zur Polarisierung.«[62]

Unklar ist, warum ausgerechnet ein im Rahmen des sog. Bologna-Prozesses durch Verkürzung und Verschulung der Studiengänge entwerteter Hochschulabschluss heutzutage die soziale Trennlinie zwischen zwei (Mittel-)Klassen markieren soll, zumal rund zehn Prozent der Beschäftigten im Niedriglohnsektor einen akademischen Abschluss haben und in Reckwitz' Schema daher eigentlich der »prekären Klasse« zugerechnet werden müssten. Wem – wie das infolge der Coronapandemie zahlreichen Akademiker(inne)n passierte – der Boden unter den Füßen weggezogen wird, dem nützt auch sein Hochschulabschluss herzlich wenig. Entscheidender dürfte da schon sein, ob jemand nur über seine Arbeitskraft oder über (ausreichend) Kapital verfügt – Marx und sein »altmodischer« Klassenbegriff lassen grüßen!

3.4 Kapitalisten im 21. Jahrhundert – globale Superklasse oder verunsichertes Besitzbürgertum?

Weder die arbeitende noch die Kapitalistenklasse ist verschwunden. Allerdings haben sich ihre Struktur und ihre personelle Zusammensetzung stark verändert. Beide unterliegen einer stärkeren Polarisierung, Binnendifferenzierung und Fragmentierung, was die Klassenverhältnisse insgesamt komplexer erscheinen lässt. War die Bourgeoisie zu Lebzeiten von Marx und Engels noch eine revolutionäre Klasse, die insofern den gesellschaftlichen Fortschritt verkörperte, als sie die moderne (Natur-)Wissenschaft und industrielle

62 Andreas Reckwitz, Das Ende der Illusionen. Politik, Ökonomie und Kultur in der Spätmoderne, 4. Aufl. Berlin 2020, S. 72 (Hervorh. im Original)

Fertigungstechniken vorantrieb, beschränkte sich ihre Innovationskraft zuletzt auf die Schaffung immer komplexerer Finanzprodukte, mit deren Hilfe vor allem das Vermögen reicher Spekulanten ins Unermessliche wuchs.

Wie unterscheiden sich die Kapitalisten des 21. Jahrhunderts von ihren Klassengenossen im 19. Jahrhundert, die Marx und Engels – selbst ältester Sohn eines Wuppertaler Textilfabrikanten – bei ihren Klassenanalysen vor Augen hatten? Auf den ersten Blick wenig; sieht man genauer hin, sind die Unterschiede jedoch ganz enorm. Den »klassischen« Unternehmer bzw. fungierenden Kapitalisten, der als Selfmademan seinen Betrieb auf- und ausgebaut hat, quasi in der und für die Firma lebt und den Gewinn nur als Nebenprodukt seines eigenen unermüdlichen Engagements betrachtet, gibt es zwar immer noch. Darüber hinaus existiert heute allerdings ein neuer Typ des (Turbo-)Kapitalisten, der viel besser ausgebildet, informiert und organisiert, aber auch überall auf der Welt aktiv und supranational vernetzt ist. Viel eher Topmanager und Technokrat, profitorientiert und geldgierig sowie rücksichtslos gegenüber Beschäftigten, Zulieferern und potenziellen Kunden, verkörpert er die Standort-, Wettbewerbs- und Profitlogik des Neoliberalismus als einer Wirtschaftstheorie, die zur Ideologie und Sozialphilosophie, ja zu einer politischen Zivilreligion avanciert ist.[63]

Bei der Deutschen Bank erhielten im Jahr 2015 nicht weniger als 756 Mitarbeiter ein Jahresgehalt in Millionenhöhe. Obwohl das Frankfurter Geldinstitut mittlerweile in Schieflage geraten war, Entlassungen vorgenommen und drastisch an (Börsen-)Wert verloren hatte, waren 2018 immer noch 643 und 2019 immer noch 583 Einkommensmillionäre bei ihm angestellt, die in der Spitze mehr als 10 Millionen Euro bekamen. »Einkommen aus Pacht, Miete, Kapitalgewinnen, Spekulation und anderen Quellen unverdienten Einkommens können Führungskräften wie Arbeitern, die in der Hierarchie

63 Vgl. hierzu: Christoph Butterwegge / Bettina Lösch / Ralf Ptak, Kritik des Neoliberalismus, 3. Aufl. Wiesbaden 2017

weiter unten stehen, in Unternehmen, die vornehmlich ökonomische Renten abschöpfen, als ›Lohn‹ ausbezahlt werden.«[64]

Zusammen mit den für Deutschland besonders typischen »Mittelständlern«, also Familienunternehmern, die – wenn sie Riesenkonzerne beherrschen und aktiv Einfluss auf Regierungsentscheidungen nehmen – in Griechenland, Russland und der Ukraine als Oligarchen bezeichnet würden, sowie anderen Großaktionären, Spekulanten, Plattformbetreibern und Vermögensverwaltern beherrschen internationale Finanzkonglomerate die heimische Wirtschaft. BlackRock ist deshalb viel mehr als ein bloßer »Vermögensverwalter«, wie der US-amerikanische Finanzgigant normalerweise genannt wird. Großinvestoren dieses Typs sind keine »normalen« Kapitaleigner, die Anteile von Unternehmen sämtlicher Schlüsselbereiche der Wirtschaft halten, sondern Kapitalorganisatoren neuen Typs und Träger eines Geschäftsmodells, das jene grundlegend verändert: »BlackRock & Co verwerten die bisherige Substanz der Unternehmen, in die sie einsteigen. Sie setzen die Gewinne ein, nicht um neue Substanz zu schaffen, sondern um ihren eigenen Wert und den ihrer Kapitalgeber weiter zu steigern.«[65] Finanzkonzerne dominieren neben Industriekonzernen längst die wichtigsten Lebensbereiche der Bundesbürger/innen, etwa das Wohnen: »BlackRock & Co sind die bei weitem größten Privateigentümer von Mietwohnungen.«[66]

Deutschland ist eine sozial extrem polarisierte, stark fragmentierte und in sich differenzierte Klassengesellschaft. Das schlägt sich in einer ausgeprägten Verteilungsschieflage nieder, die vor allem die Vermögensstruktur betrifft, aber in den überkommenen kapitalistischen Produktionsverhältnissen wurzelt. Obwohl der Klassengegensatz von Kapital und Arbeit weiterhin die Kernstruktur der sozioökonomischen Ungleichheit bildet, hat sich der ihn teilweise

64 Andrew Sayer, Warum wir uns die Reichen nicht leisten können, a.a.O., S. 127

65 Werner Rügemer, Die Kapitalisten des 21. Jahrhunderts. Gemeinverständlicher Abriss zum Aufstieg der neuen Finanzakteure, 2. Aufl. Köln 2020, S. 63

66 Ebd., S. 47

überlagernde Widerspruch zwischen einer zunehmenden und sich verfestigenden Armut sowie einem gigantischen Reichtum derart verschärft, dass es beinahe scheint, als existiere der Arm-Reich-Gegensatz unabhängig vom Klassenantagonismus und als basiere er nicht (mehr) auf diesem.

Nationalstaatliche Grenzen haben in Bezug auf die Wertschöpfungsketten, die Produktion und den Handel, aber auch in Bezug auf Reichtum, Macht und Einfluss während der vergangenen Jahrzehnte aufgrund der neoliberalen Globalisierung an Bedeutung verloren. Der verstorbene Soziologe und FDP-Politiker Ralf Dahrendorf sah denn auch zur Jahrtausendwende eine »globale Klasse« entstehen, die im Rahmen einer »politische(n) Ökonomie des Neoliberalismus« eine »neue Ungleichheit« begründe. Was die Struktur und die personelle Zusammensetzung der von ihm beschriebenen Klasse betraf, blieben Dahrendorfs Angaben jedoch ziemlich vage: »Zur globalen Klasse gehören Medienmacher und sogar einige Professoren. Sie schließt Stars in allen dafür anfälligen Lebensbereichen ein, im Sport und in der populären Musik, in der nobelpreisverdächtigen Forschung, und nicht zuletzt dort, wo Lotteriegewinner, Bestsellerautoren, Helden der öffentlichen Meinung kraft guter oder böser Taten unerwartet zu Stars avancieren.«[67]

Der britische Soziologe Leslie Sklair machte kurz nach der Jahrtausendwende eine »transnationale Kapitalistenklasse« aus, die das bestehende Wirtschafts- und Gesellschaftssystem in ein Globalisierungsprojekt verwandelt habe. Die transnationale Klasse des Kapitals unterteilte der britische Soziologe in vier Hauptgruppen, die auch mancherlei personelle Überschneidungen aufwiesen: 1. die Eigentümer und Topmanager der transnationalen Unternehmen mitsamt ihren lokalen Kooperationspartnern (Unternehmensfraktion), 2. die am Globalisierungsprozess beteiligten Verwaltungsspitzen und Politiker (Staatsfraktion), 3. die am Globalisierungsprozess

67 Ralf Dahrendorf, Die globale Klasse und die neue Ungleichheit, in: Merkur 11/2000, S. 1059

beteiligten Experten (technische Fraktion) sowie 4. die Elitenangehörigen aus Handel und Medien (Konsumismusfraktion).[68] Von einer transnationalen kapitalistischen *Klasse* sprach Sklair deshalb, weil die Soziallage der ihr angehörenden Personen im Verhältnis zu den Produktionsmitteln wie zu ihren Chancen auf Verteilung und Austausch bestimmbar sei. »Um eine *kapitalistische* Klasse handelt es sich, weil sie die wichtigsten Formen des Kapitals besitzen und/oder kontrollieren, sei es einzeln oder kollektiv. Eine *transnationale* kapitalistische Klasse bilden sie, insofern sie grenzüberschreitend agieren, um die Interessen des globalen Kapitals und nicht die eines realen oder imaginierten Nationalstaates durchzusetzen.«[69]

Später untersuchten Sighard Neckel, Lukas Hofstätter und Marco Hohmann die Klassenbildungsprozesse im empirischen Bezugsrahmen zweier Bankmetropolen, Frankfurt am Main und dem australischen Sydney. Dabei gelangten sie ebenfalls zu der Überzeugung, dass sich auf den Finanzmärkten eine »globale Klasse« herausgebildet habe, die nicht mehr in einem nationalstaatlichen Handlungskorsett stecke. Mit den Bourdieu'schen Schlüsselkategorien erklärten die genannten Soziologen, dass die neuen Finanzakteure aufgrund ihnen gemeinsamer Formen ökonomischen, kulturellen und sozialen Kapitals typische Habitusformen entwickelt hätten, was eine andere, spezifische Art der Distinktion begründe: »Typisch ist neben den üblichen Statussymbolen ein demonstrativer Gestus von kultureller Offenheit, Diversität, Weltläufigkeit und Toleranz, in dem sich eine kosmopolitische Selbstdarstellung mit dem ökonomischen Interesse an der finanziellen In-Wert-Setzung möglichst vieler Lebensbereiche verbindet. Expansive Geschäftspraktiken und kulturelle Vereinnahmung stehen in einem engen Zusammenhang. Darin wird ein Modus sozialer Grenzziehung sichtbar, der nicht we-

68 Vgl. Leslie Sklair, The Transnational Capitalist Class, Oxford (UK) / Malden (USA) 2001; ders., Die transnationale kapitalistische Klasse, in: Peter A. Berger / Anja Weiß (Hg.), Transnationalisierung sozialer Ungleichheit, Wiesbaden 2008, S. 215

69 Ebd., S. 238 (Hervorh. im Original)

nig paradox erscheint: Exklusivität durch Einschluss, Abschottung durch Öffnung.«[70]

David Rothkopf, unter dem US-Präsidenten Bill Clinton Staatssekretär im Handelsministerium der Vereinigten Staaten, glaubte kurz danach sogar, eine »globale Superklasse« erkennen zu können, die nur wenige tausend, durch ihre Sonderstellung im Bereich der Weltwirtschaft, der Finanzwelt, der Politik, des Militärs, der Religion oder der Wissenschaft über internationalen Einfluss verfügende Mitglieder umfasst: »Was diese Personen in besonderer Weise auszeichnet, ist ihre Macht – eine Macht, die Millionen oder Milliarden Menschen berührt, nicht nur innerhalb eines Landes, sondern über Grenzen hinweg. Sie beschäftigen Menschen, bringen Märkte in Bewegung, beginnen Angriffskriege, entfachen Leidenschaften oder verändern tief verwurzelte Glaubenshaltungen.«[71] Zu einem ähnlichen Resultat wie Rothkopf ist Chrystia Freeland in ihrem 2012 erschienenen Buch *Plutocrats: The Rise of the New Global Super-Rich and the Fall of Everyone Else* gelangt. Sie beschreibt darin die kosmopolitische Lebensweise von Multimilliardären und vertritt die Auffassung, dass während der vergangenen Jahre eine »globale Geldelite« entstanden sei und sich auf dem Weg zur Weltherrschaft befinde.[72]

Dagegen erhob der Kölner Publizist und interventionistische Philosoph Werner Rügemer den Einwand, dass die kapitalistische Führungsschicht nicht aus einer Schar gleich einflussreicher Mitglieder bestehe, sondern »ungleich größeren und zugleich sehr heterogenen, hierarchisch gegliederten Gruppen und Clans. Sie bilden keine formell einheitliche Organisation, sondern sind viel-

70 Sighard Neckel / Lukas Hofstätter / Marco Hohmann, Die globale Finanzklasse. Business, Karriere, Kultur in Frankfurt und Sydney, Frankfurt am Main / New York 2018, S. 232

71 David Rothkopf, Die Super-Klasse. Die Welt der internationalen Machtelite, München 2008, S. 66

72 Vgl. Chrystia Freeland, Die Superreichen. Aufstieg und Herrschaft einer neuen globalen Geldelite, 2. Aufl. Frankfurt am Main 2013

fältig öffentlich und auch nicht öffentlich organisiert bzw. informell vernetzt.«[73] Die unterschiedliche Gestaltungsmacht ergebe sich aus der Zahl und dem Umfang ihrer Beteiligungen an strategisch wichtigen Konzernen sowie ihrer Verflechtung untereinander, aus ihrer Verbindung mit wichtigen Abteilungen und einflussreichen Vertreter(inne)n von Beratungsfirmen, Rating-Agenturen und Wirtschaftskanzleien sowie mit führenden Repräsentant(inn)en staatlicher Institutionen, aber auch politischer Stiftungen und Think Tanks. In seinem Buch *Die Kapitalisten des 21. Jahrhunderts* sprach Rügemer präziser von einer »transnationalen kapitalistischen Rentiersklasse«, die über eine »hochbezahlte Privatarmee« von Managern, Beratern und Kreditgebern verfüge.[74]

Michael Hartmann hat die These, wonach eine globale Wirtschaftselite entstanden ist, empirisch widerlegt und als Legende bezeichnet.[75] Denn – so lautet seine mit Vergleichszahlen gesättigte Argumentation – im Unterschied zu den Profis der nationalen Fußballligen sind Ausländer in den Vorstandsetagen von Unternehmen, Banken und Versicherungen selten zu finden. Um dort Karriere zu machen, seien nicht einmal längere Auslandsaufenthalte nötig. Vielmehr dominierten hierzulande weiterhin deutsche oder zumindest deutschsprachige Geschäftsführer, Spitzenmanager und Banker. »Global ist nicht die Klasse der Kapitalisten, sondern das System des Kapitalismus«, schlussfolgern Boike Rehbein und Jessé Souza, wobei sich der Berliner und der brasilianische Soziologe auf eigene internationale Vergleichsstudien zur Sozialstrukturentwicklung stützen.[76] Sie halten es allerdings für möglich, dass längerfristig eine globale Klassenherrschaft entstehe, wiewohl es ihres Erachtens

73 Werner Rügemer, Die Kapitalisten des 21. Jahrhunderts, a. a. O., S. 22 (Fn.)

74 Siehe ebd., S. 113

75 Vgl. Michael Hartmann, Die globale Wirtschaftselite. Eine Legende, Frankfurt am Main / New York 2016, passim; ders., Die Abgehobenen. Wie die Eliten die Demokratie gefährden, Frankfurt am Main / New York 2018, S. 90 ff.

76 Boike Rehbein / Jessé Souza, Ungleichheit in kapitalistischen Gesellschaften, Weinheim / Basel 2014, S. 123

schwierig werden dürfte, unterschiedliche nationale Kulturelemente zu vereinigen oder gar zu vereinheitlichen. Insofern könnten sich höchstens längerfristig Strukturen einer transnationalen Ungleichheit herausbilden.

Die sich extrem vertiefende Kluft zwischen Vorstandsgehältern und den Löhnen »normaler« Arbeitnehmer/innen führte zu einer Verschärfung der Ungleichheit, ohne allerdings ihre Hauptursache zu sein. Hinsichtlich der Vorstandsmitglieder großer Unternehmen lässt sich durchaus von einer Manageraristokratie sprechen. Schon zu Beginn der 1990er-Jahre war häufig von »Nieten in Nadelstreifen« die Rede, deren Geldgier sie nach immer höheren Bonuszahlungen (Aktienoptionen) und Sonderleistungen rufen lasse. Spitzenmanager nehmen mehr denn je eine sozialstrukturelle Zwitterstellung ein: Hinsichtlich der Kapitalbildung, des Bildungsgrades und der Haltung zu weltanschaulichen Grundsatzfragen gehören sie zur Kapitalseite, die ihnen gegenüber jedoch weisungsbefugt ist. Durch die »Zwischenschaltung« von Leitungspersonal in größeren Unternehmen hat sich an den für die bürgerliche Gesellschaft konstitutiven Eigentumsverhältnissen nichts Wesentliches geändert.

Andreas Reckwitz warnt mit Blick auf eine »Oberklasse der Superreichen« vor einer »Fixierung auf diese winzige Minderheit«, weil sonst der Eindruck entstehe, dass es sich um eine homogene Gruppe handle, und man auch die übrigen 99 Prozent der Bevölkerung leicht aus dem Auge verliere.[77] Als käme es hier auf die (geringe) Quantität der Oberschicht statt auf die Qualität ihrer (dominanten) Machtposition an! Und als sei die soziale Zusammensetzung einer kleinen Gruppe hyperreicher Kapitaleigentümer, die natürlich keine unstrukturierte Einheit bilden, nicht erheblich homogener als die jeder anderen Bevölkerungsschicht! Keiner der beiden Einwände, die Reckwitz gegenüber einer intensiveren Beschäftigung mit den »oberen Zehntausend« geltend macht, hält einer genaueren Betrachtung stand. Offenbar handelt es sich dabei um Vorwände, die

77 Siehe Andreas Reckwitz, Das Ende der Illusionen, a.a.O., S. 66

verdecken, dass sich Reckwitz mit dem ökonomischen, sozialen und politischen Machtzentrum des Gegenwartskapitalismus überhaupt nicht beschäftigen möchte.

Wie bei der Mittelklasse unterscheidet Reckwitz zwischen einer »alten« und einer »neuen Oberklasse«, die er auch »globale Oberklasse« nennt. Obwohl er zur Kenntnis nimmt, dass die Vermögen der Hyperreichen »teilweise ererbt« sind, stellt Reckwitz sie überwiegend als »Ergebnis der geschickten Vermehrung des exorbitant hohen Arbeitseinkommens« dieses Personenkreises dar: »Hier profitiert man von den *Winner-take-all*-Märkten der spätmodernen Wissens- und Kreativökonomie, welche die besonders Erfolgreichen im Übermaß belohnen.«[78] Reckwitz übernimmt die These einer Verdrängung der Rentiers bzw. »reichen Müßiggänger« durch »arbeitende Reiche«, die Angus Deaton, Träger des Alfred-Nobel-Gedächtnispreises für Wirtschaftswissenschaften, mit Blick auf die Hyperreichen als »vordergründige Geschichte« zurückweist.[79] Selbst in den USA mit ihren unglaublich hohen Gehältern für Konzernvorstände, Investmentbanker und Hedgefondsmanager dominieren weiterhin Kapitaleinkünfte (Dividenden und Zinsen) bei den Höchsteinkommensbeziehern.

Die der »neuen Oberklasse« angehörenden Prominenten erscheinen Reckwitz als philanthropische »Macher« mit einem kosmopolitischen Bewusstsein: »Die neue Oberklasse tritt daher nicht mehr derart konservativ auf wie die alte, sondern propagiert – neben einer Politik der eigenen finanziellen Interessen – auch eine Ethik der ›Weltverbesserung‹, was bei den Gurus der digitalen Ökonomie (Gates & Co.) und des Finanzmarktkapitalismus (Buffett & Co.) und ihrem ›Solutionismus‹ vielleicht am deutlichsten wird.«[80] Dieser Begriff steht für den Drang nach schnellen Lösungen bzw.

78 Ebd., S. 108 (Hervorh. im Original)

79 Siehe Angus Deaton, Der große Ausbruch. Von Armut und Wohlstand der Nationen, 2. Aufl. Stuttgart 2017, S. 266

80 Andreas Reckwitz, Das Ende der Illusionen, a. a. O., S. 108

die Vertauschung von Problem und Lösung: Statt nach der Lösung für ein Problem zu suchen, wird ein Mittel, über das man verfügt, für ein noch gar nicht genau bekanntes und erforschtes Problem präsentiert.

Verglichen mit dem simplen »3-plus-1-Klassenmodell«, das Reckwitz entwickelt hat, war die berühmt-berüchtigte »Bolte-Zwiebel«, die in kaum einem westdeutschen Schulbuch der 1960er- und 1970er-Jahre fehlen durfte, eine äußerst differenzierte, hoch komplexe und fundierte Sozialstrukturanalyse. Sie teilte die Bevölkerung nach dem zertifizierten Bildungsgrad, der Einkommenshöhe und dem beruflichen Status in eine schmale Oberschicht, eine breite, aber noch mehrfach untergliederte Mitte – »Mittelstandsbauch« ist ein neoliberaler Kampfbegriff aus der steuerpolitischen Diskussion, war hier aber viel eher angebracht –, ein schmaleres Unten und eine kleine Gruppe der sozial Verachteten ein.[81] Von der ökonomischen Machtposition und dem enormen politischen Einfluss der »Oberschicht« bzw. »-klasse« war allerdings in beiden Konstrukten überhaupt keine Rede.

Im digitalen Finanzmarktkapitalismus dominieren transnationale, hauptsächlich in den USA beheimatete Kapitalorganisatoren wie BlackRock, Vanguard und State Street, die an sämtlichen im Deutschen Aktienindex (Dax) vertretenen Konzernen, also den größten Industrie- und Handelsunternehmen sowie den wichtigsten Banken und Versicherungsgesellschaften hierzulande beteiligt sind. Auch wenn man BlackRock nicht als »heimliche Weltmacht« begreift, die sich mit »unserem Geld« etabliert, wie der Untertitel von Heike Buchters Bestseller suggeriert,[82] beeinflusst der von Lawrence (»Larry«) Fink gegründete Finanzgigant immer stärker die Entwicklung der Weltwirtschaft, der internationalen Kapitalströme und der Sozialstruktur vieler Nationalstaaten.

---

81 Vgl. z. B. Karl Martin Bolte / Dieter Kappe / Friedhelm Neidhardt, Soziale Schichtung, 2. Aufl. Opladen 1968, S. 84

82 Siehe Heike Buchter, BlackRock. Eine heimliche Weltmacht greift nach unserem Geld, 2. Aufl. Frankfurt am Main / New York 2020

Werner Rügemer erfasst die Komplexität des riesigen Beziehungsgeflechts, das mehrere Gruppen überwiegend global agierender Finanz(markt)akteure bilden, deshalb noch besser, wenn er mit Blick auf die Herrschaftsstruktur im Gegenwartskapitalismus feststellt: »1. Die mächtigsten unter ihnen sind die Kapitalorganisatoren vom Typ BlackRock. 2. Die zweite Liga besteht bisher aus den Investoren vom Typ Private Equity (›Heuschrecken‹), Hedgefonds und Wagniskapitalisten. 3. Unterschiedliche Rollen spielen elitäre Investmentbanken, Privatbanken und die traditionellen Großbanken.«[83] Alle genannten Unternehmen gehören Eigentümern, die zur obersten Schicht des Großkapitals oder zur Hochfinanz und zur heutigen Machtelite gehören, weil sie ihre Profitinteressen mit großem Nachdruck gegenüber den verantwortlichen Politikern vertreten und meistenteils auch durchsetzen.

83 Werner Rügemer, Die Kapitalisten des 21. Jahrhunderts, a. a. O., S. 16

4.
Haupterscheinungsformen der Ungleichheit

Die gesellschaftlichen Fragmentierungs- und Polarisierungstendenzen haben sich im Übergang zum gegenwärtigen Kapitalismus, der von transnationalen Konzernen, (Schatten-)Banken und Finanzinvestoren dominiert wird, deutlich verschärft. Finanzmagnaten, Medienmogule, Kapitalanleger und Spekulanten häufen riesige Vermögen an, während die Mehrheit der Bevölkerung am steigenden gesellschaftlichen Reichtum nicht oder nur ungenügend partizipiert. Im digitalisierten Finanzmarktkapitalismus bildet der Klassengegensatz von Kapital und Arbeit zwar weiterhin die Kernstruktur der sozioökonomischen Ungleichheit. Der ihn teilweise überlagernde Widerspruch zwischen einer zunehmenden und sich verfestigenden Armut sowie einem exorbitanten Reichtum hat sich aber derart verschärft, dass es bisweilen scheint, als existiere der Arm-Reich-Gegensatz unabhängig vom Klassenantagonismus und als basiere er nicht (mehr) auf diesem.

Da sich die sozioökonomische Ungleichheit nicht darauf beschränkt, dass die Mitglieder einer Gesellschaft unterschiedlich viel besitzen oder unterschiedlich hohe Einkommen haben, sondern fast in sämtlichen Lebensbereichen deutliche Spuren hinterlässt, werden im Folgenden neben den Verteilungsverhältnissen drei andere Sphären gesondert betrachtet: Gesundheit, Bildung und Wohnen – heute vielleicht *die* Soziale Frage in Deutschland schlechthin. Dort zeigt sich, dass die sozialen Klassen und Schichten unterschiedlich hohe Gesundheitsrisiken, unterschiedlich gute Bildungschancen sowie unterschiedlich angenehme Wohnmöglichkeiten haben.

4.1 Einkommens- und Vermögensverteilung in der Bundesrepublik

Wenn die Ungleichheit in der politischen, Medien- und Fachöffentlichkeit überhaupt thematisiert wird, ist diese zumeist auf die *Einkommens*verhältnisse fixiert, obwohl sie erheblich weniger relevant und aussagekräftig sind als die *Vermögens*verhältnisse. Das war der historischen Tendenz nach zwar schon immer so, diese hat sich aufgrund des Finanzialisierungsprozesses aber weiter verstärkt. »Das Gewicht der Eigentümer und der in der Vergangenheit entstandenen Vermögen wächst und Einkommen verliert in Relation zu bereits vorhandenem Kapital an Bedeutung.«[1]

Berücksichtigt werden muss jedoch nicht bloß die Quantität des Vermögens, sondern auch seine Qualität. Letztlich entscheidet die Struktur des Vermögens darüber, welche Handlungs- und Entscheidungsspielräume es seinem Eigentümer bietet. Denn selbst viel Bargeld, das unter dem Kopfkissen, im Kleiderschrank oder auf dem Dachboden gehortet wird, verleiht seinem Besitzer keine Macht über andere Menschen, wohingegen der Besitz von Unternehmen oder Unternehmensanteilen (Aktien) dem Kapitaleigentümer ganz andere Möglichkeiten eröffnet. Ähnliches gilt für das Privateigentum an Immobilien sowie an Grund und Boden. Nur wenn zwischen Geld- und Sachvermögen, vor allem jedoch zwischen Betriebs-, Immobilien- und Finanzvermögen differenziert wird, kann man die Vermögensverteilung innerhalb einer Gesellschaft fundiert beurteilen.

Über die genaue Verteilung des Produktivvermögens ist hierzulande so gut wie nichts bekannt, obwohl diese Vermögensart die Sozialstruktur der Gesellschaft entscheidend prägt. Die kapitalistischen Eigentums-, Macht- und Herrschaftsverhältnisse erschlössen sich nur, wenn mehr über die entsprechenden Vermögensbestände bekannt wäre. Um eine hinreichend gute Datenbasis zu erhalten, müssten das Bank- und das Steuergeheimnis aufgehoben werden

1 Martin Schürz, Überreichtum, Frankfurt am Main / New York 2019, S. 10

sowie alle Informationen zu Privatstiftungen im In- und Ausland sowie zu in »Steueroasen« wie den Bahamas, den Bermudas oder den Kaiman Inseln transferierten Vermögen vorhanden sein.[2]

Der Bonner Ökonom Moritz Schularick hat zusammen mit Thilo N.H. Albers (Humboldt-Universität zu Berlin) und Charlotte Bartels (DIW) die Vermögensverteilung in Deutschland von 1895 bis 2018 untersucht. Am stärksten ausgeprägt war die Vermögensungleichheit demnach im Kaiserreich, wo das reichste Prozent der Bevölkerung auf knapp 50 Prozent des Gesamtvermögens kam, wohingegen dieser Anteil heute weniger als 25 Prozent betrage, wie die Autorin und ihre beiden Koautoren feststellen.[3] Steuerstatistiken, auf die sich ihre historische Analyse stützt, dürften die Vermögensverhältnisse im 19. Jahrhundert genauer abbilden als heutige Steuerstatistiken die aktuellen. Reiche konnten der preußischen Finanzverwaltung im Jahr 1895 »heikle« Informationen über größere Teile ihres (Kapital-)Vermögens nicht so leicht vorenthalten, wie dies im Zeitalter des elektronischen Zahlungsverkehrs mit Vermögensbestandteilen gelingt, die – durch einheimische Gesetze und das Bankgeheimnis begünstigt – etwa in überseeische Steuerparadiese bzw. auf Offshore-Finanzplätze transferiert wurden.[4] Ob die von Albers, Bartels und Schularick vorgenommene Relativierung der aktuell in Deutschland bestehenden Vermögensungleichheit wirklich gerechtfertigt ist, lässt sich daher mit Fug und Recht bezweifeln.

Schularick, Albers und Bartels gelangen aber zu dem Ergebnis, dass die Vermögensungleichheit im vergangenen Vierteljahrhundert wieder deutlich zugenommen hat. Während die obere Hälfte

---

2 Vgl. ebd., S. 22

3 Vgl. Thilo N. H. Albers / Charlotte Bartels / Moritz Schularick, The Distribution of Wealth in Germany, 1895-2018, Bonn, 8. März 2020, S. 1

4 Vgl. dazu: Gabriel Zucman, Steueroasen. Wo der Wohlstand der Nationen versteckt wird, 2. Aufl. Berlin 2014; Markus Meinzer, Steueroase Deutschland. Warum bei uns viele Reiche keine Steuern zahlen, 2. Aufl. München 2016; Emmanuel Saez / Gabriel Zucman, Der Triumph der Ungerechtigkeit. Steuern und Ungleichheit im 21. Jahrhundert, Berlin 2020

der Verteilung ihr Nettovermögen im Zeitraum zwischen 1993 und 2018 mehr als verdoppelte, besaß die ärmere Hälfte der Bevölkerung weniger als ein Vierteljahrhundert zuvor; ein Haushalt der reichsten zehn Prozent war im Jahr 1993 durchschnittlich 50-mal, im Jahr 2018 aber schon 100-mal reicher als ein Haushalt der unteren Hälfte. Was die Struktur des Privatvermögens betrifft, so bestand gut die Hälfte aus Immobilienbesitz und rund ein weiteres Viertel aus Produktivkapital.[5]

Markus M. Grabka und Christian Westermeier betrachteten den Zeitraum von 2002 bis 2012, in dem die Vermögensungleichheit anhaltend hoch blieb. Zuletzt lag das durchschnittliche Nettovermögen der Erwachsenen bei gut 83.000 Euro. Wegen der großen Differenz zum Median, welcher bei knapp 17.000 Euro lag und angibt, wie viel die mittlere Person in einer nach der Höhe ihres Nettovermögens geordneten Reihe besaß, war die Vermögensungleichheit sehr groß. »Gut ein Fünftel aller Erwachsenen verfügte über kein persönliches Vermögen – bei sieben Prozent waren die Verbindlichkeiten sogar höher als das Bruttovermögen.«[6] Unter den Staaten der Eurozone wies Deutschland vor Österreich die höchste Vermögensungleichheit auf. Hierzulande betrug der Gini-Koeffizient 0,78 und war damit mehr als doppelt so hoch wie beim verfügbaren Einkommen. Sowohl beim Markteinkommen wie beim Vermögen blieb die Bundesrepublik hinsichtlich der Höhe des Gini-Koeffizienten damit den USA dicht auf den Fersen.

Eine sukzessive US-Amerikanisierung gab es auch im Hinblick auf die Managerbezüge. Ohne dass hierzulande bisher Topgehälter wie in den Vereinigten Staaten erreicht wurden, verdienen deutsche Spitzenmanager einschließlich der üblich gewordenen Sonderleistungen, Erfolgsprämien und Aktienoptionen bis zu 15 oder 20 Millionen Euro pro Jahr, d. h. weit mehr als 100-mal so viel wie manche

5 Vgl. Thilo N. H. Albers / Charlotte Bartels / Moritz Schularick, The Distribution of Wealth in Germany, a. a. O., S. 39, 54 und 34

6 Markus M. Grabka / Christian Westermeier, Anhaltend hohe Vermögensungleichheit in Deutschland, in: DIW-Wochenbericht 9 / 2014, S. 156

ihrer Mitarbeiter/innen. Die sich extrem vertiefende Kluft zwischen Vorstandsgehältern und den Löhnen »normaler« Arbeitnehmer/innen trägt zur Verschärfung der Einkommensungleichheit bei, ohne allerdings ihre Hauptursache zu sein. »Exorbitant hohe Managereinkünfte, deren Vorsprung vor den durchschnittlichen Einkommen in den letzten Jahrzehnten schwindelnde Höhen erreicht hat, sind nur ein kleiner, aber sehr sichtbarer und besonders irritierender Teil einer komplexen Zunahme von Ungleichheit, die besonders in demokratischen politischen Kulturen als ungerecht wahrgenommen wird und langfristig die Legitimität des Systems in Frage stellen kann.«[7]

Selbst die CDU/CSU/FDP-Koalition unter Angela Merkel als Bundeskanzlerin kam nicht umhin, die steigende Ungleichverteilung des Vermögens im Vierten Armuts- und Reichtumsbericht zu dokumentieren: Verfügten die reichsten zehn Prozent der Bevölkerung danach im Jahr 1998 über 45 Prozent des privaten Nettovermögens, waren es im Jahr 2003 bereits 49 Prozent und im Jahr 2008 sogar fast 53 Prozent. Dagegen musste sich die ärmere Hälfte der Bevölkerung in den Jahren 1998 und 2003 mit drei Prozent und im Jahr 2008 mit bloß noch einem Prozent begnügen.[8] Wie im Sechsten Armuts- und Reichtumsbericht der Bundesregierung bestätigt, zeigt sich die Verteilungsschieflage vornehmlich beim Vermögen. Während die reichsten zehn Prozent der Bevölkerung laut dem Regierungsbericht 59 Prozent des Nettogesamtvermögens besaßen, kam die ärmere Hälfte der Bevölkerung gerade mal auf 0,5 Prozent.[9]

Auch vor den Vermögenden selbst macht die ausgeprägte sozioökonomische Polarisierungsdynamik nicht halt. Vielmehr spaltet sich diese Gruppe in Reiche, sehr viel Reichere und Hyperreiche.

7 Jürgen Kocka, Geschichte des Kapitalismus, 3. Aufl. München 2017, S. 123

8 Vgl. Bundesministerium für Arbeit und Soziales (Hg.), Lebenslagen in Deutschland. Der Vierte Armuts- und Reichtumsbericht der Bundesregierung, Bericht, Bonn, März 2013, S. 465

9 Vgl. dass. (Hg.), Lebenslagen in Deutschland. Der Sechste Armuts- und Reichtumsbericht der Bundesregierung, Bericht, Bonn, Mai 2021, S. 91 und 49

Vor allem das Produktivvermögen konzentriert sich zunehmend bei den Letzteren, die meistens auch große Erbschaften machen. Stellt man die statistische Unsicherheit bei der Erfassung von Hochvermögenden und ihres Vermögensreichtums in Rechnung, dürfte die reale Ungleichheit noch größer sein, als es die verfügbaren Daten erkennen lassen. Christian Westermeier und Markus M. Grabka schätzten, dass sich fast drei Viertel (74 Prozent) des Nettogesamtvermögens bei den reichsten zehn Prozent der Vermögensverteilung, ein Drittel (31 bis 34 Prozent) des Nettogesamtvermögens beim reichsten Prozent der Bevölkerung und zwischen 14 und 16 Prozent des Nettogesamtvermögens beim reichsten Promille der Bevölkerung konzentrieren.[10]

Weder das DIW noch die Bundesregierung berücksichtigen in ausreichender Weise die unterschiedliche Zusammensetzung der von ihnen erfassten Vermögen. Während es sich bei Wohlhabenden, Reichen und Hyperreichen traditionell vorwiegend um Kapitalvermögen, Unternehmen(santeile) und hochwertigen Immobilienbesitz handelt, verfügte die ärmere Hälfte der Bevölkerung in der Vergangenheit hauptsächlich über Sparguthaben, die oft kaum Zinsen abwarfen. Aufgrund der Niedrigzinspolitik, eines verbesserten Informationsstandes und eines veränderten Anlageverhaltens scheint sich dies zuletzt wenigstens ansatzweise geändert zu haben. Horst Kahrs, Referent des Instituts für Gesellschaftsanalyse der Rosa-Luxemburg-Stiftung, hat entsprechende Daten zu den Vermögensverhältnissen von Arbeitern sowie einfachen und mittleren Angestellten zusammengetragen. Zwar üben die genannten Gruppen weiterhin große Zurückhaltung beim Kauf von Rentenwerten und beim Aktienerwerb, gegenüber Fondsbeteiligungen gibt es aber kaum noch Hemmschwellen. »Substantielle Teile der Facharbeiter und -angestellten (mittlere Bildung, betriebliche Berufsbildung) verfügen mit Blick auf die eigene Alterssicherung und die Zukunft

10 Vgl. Ch. Westermeier / M. M. Grabka, Große statistische Unsicherheit beim Anteil der Top-Vermögenden in Deutschland, in: DIW-Wochenbericht 7 / 2015, S. 131

der Kinder über Wohneigentum und kapitalmarktgedeckte Altersvorsorgeprodukte. Die Entwicklung auf dem Immobilienmarkt wie auf den Kapitalmärkten, insbesondere das Zinsniveau, hat für sie durchaus größere Bedeutung und dürfte beobachtet, wahrgenommen und in einem Bild von der eigenen Position in der Gesellschaft verarbeitet werden.«[11]

Da hierzulande über die Hälfte der Einwohner/innen zur Miete wohnen, weist das Immobilienvermögen, welches den Löwenanteil des Reichtums ausmacht, eine hohe Konzentration auf. Während das Geldvermögen gleichmäßiger verteilt ist, gilt dies keineswegs für das Betriebsvermögen. Eine nicht zu unterschätzende Bedeutung haben in diesem Zusammenhang hyperreiche Unternehmerfamilien, die zum Teil riesige Konzerne besitzen oder Mehrheitsaktionäre sind. Selbst der Internationale Währungsfonds (IWF) hat im Juli 2019 auf die Konzentration von Einkommen und Vermögen in Deutschland hingewiesen und die Führungsrolle der Familienunternehmen bei diesem Prozess hervorgehoben.[12]

Die mangelnde Transparenz in Bezug auf die Verteilungsverhältnisse erleichtert es Wirtschaftslobbyisten und Neoliberalen, sozioökonomische Polarisierungstendenzen zu leugnen oder deren Ausmaß herunterzuspielen. Hat selbst die Ungleichheit beim Vermögen in den vergangenen zwei Dekaden gar nicht mehr zugenommen, wie das Institut der Deutschen Wirtschaft behauptet? Maximilian Stockhausen und Judith Niehues analysierten die Entwicklung der Nettovermögensverteilung auf Basis unterschiedlicher Mikrodatensätze, wobei sie zu dem Resultat gelangten, »dass das Niveau der

11 Horst Kahrs, Daten zu den Vermögensverhältnissen von Arbeitern sowie einfachen und mittleren Angestellten. Arbeitsmaterialien zur Klassenanalyse des RLS-Gesprächskreises Klassen und Sozialstruktur, Rosa-Luxemburg-Stiftung, Berlin, August 2018, S. 9

12 Vgl. IMF European Dept., Country Report No. 19/213 Germany: 2019 Article IV Consultation-Press Release; Staff Report; and Statement by the Executive Director for Germany (www.imf.org/en/Publications/CR/Issues/2019/07/09/Germany-2019-Article-IV-Consultation-Press-Release-Staff-Report-and-Statement-by-the-47093; 9.8.2019)

Vermögensungleichheit seit Beginn der 2000er Jahre nahezu konstant ist und in den letzten Jahren eher sinkt als steigt.«[13]

Die beiden IW-Mitarbeiter beriefen sich nicht zuletzt auf Daten des Sozio-oekonomischen Panels, die am Deutschen Institut für Wirtschaftsforschung erhoben werden. Markus M. Grabka und Christoph Halbmeier, Verteilungsforscher am DIW, konstatierten demgegenüber, »dass eine bevölkerungsrepräsentative Stichprobe wie das SOEP den Bereich sehr hoher Vermögen tendenziell untererfasst und somit das Ausmaß der tatsächlich in Deutschland vorhandenen Vermögensungleichheit unterschätzt. Vermutlich ist es in den vergangenen zehn Jahren zu einem Anstieg der Vermögensungleichheit gekommen, da die Zahl der Vermögensmillionäre seit 2008 um 69 Prozent oder gut 550.000 Personen zugenommen hat.«[14] Markus M. Grabka und Christoph Halbmeier bestätigten den Trend zur Polarisierung der Verteilung, denn bei einer gemeinsamen Betrachtung von Einkommen und Vermögen stellten sie fest, dass sich die Vermögenssituation in den beiden einkommensschwächsten Dezilen verschlechtert hatte, während es im einkommensstärksten Dezil gleichzeitig signifikante Vermögenszuwächse gab.[15]

Aufgrund des Immobilienbooms im Gefolge der Finanzkrise 2007/08 hat sich die sozioökonomische Ungleichheit verschärft. Da sich das Immobilieneigentum bei den Hochvermögenden konzentriert, haben die steigenden Preise für Häuser und Wohnungen zur Vertiefung der Kluft zwischen Arm und Reich beigetragen. Wie die Ökonomen Till Baldenius, Sebastian Kohl und Moritz Schularick belegten, hat das reichste Zehntel der Deutschen am stärksten vom jüngsten Immobilienboom profitiert und ist zwischen 2011 und 2018 allein durch die Preisexplosion auf diesem Markt inflations-

13 Siehe Maximilian Stockhausen / Judith Niehues, Vermögensverteilung: bemerkenswerte Stabilität, in: IW-Kurzbericht 81 / 2019, S. 1

14 Markus M. Grabka / Christoph Halbmeier, Vermögensungleichheit in Deutschland bleibt trotz deutlich steigender Nettovermögen anhaltend hoch, in: DIW-Wochenbericht 40 / 2019, S. 737

15 Vgl. ebd., S. 742

bereinigt um knapp 1,5 Billionen Euro reicher geworden.[16] Während die Mittelschicht, bei der Immobilienbesitz traditionell einen größeren Teil des Gesamtvermögens ausmacht, aufgrund der massiven Wertsteigerungen ebenfalls nicht unwesentliche Vermögenszuwächse verzeichnete, ging die untere Hälfte der deutschen Vermögensverteilung mangels Wohnungseigentums praktisch leer aus.

Während einige Unternehmerfamilien den Industriesektor und hyperreiche Finanzfürsten das Bank- und Kreditwesen, damit jedoch auch andere Teile der Volkswirtschaft beherrschten, besaßen 40 Prozent der Bevölkerung laut DIW-Präsident Marcel Fratzscher kein nennenswertes Vermögen, auf das sie im Alter oder im Krankheitsfall zurückgreifen konnten.[17] Demnach lebten über 32 Millionen Menschen quasi von der Hand in den Mund, waren sie doch nur eine Kündigung oder einen schweren Unfall von der Armut entfernt.

Nach den Maßstäben der Europäischen Union galten im Jahr 2019 hierzulande 13,2 Millionen Menschen als von Armut betroffen oder bedroht. Sie hatten weniger als 60 Prozent des bedarfsgewichteten mittleren Haushaltsnettoeinkommens zur Verfügung, was für Alleinstehende 1.074 Euro im Monat entsprach. Unberücksichtigt bleiben hierbei sowohl die Quellen (Kapital, Lohnarbeit und Grundeigentum) wie die Qualität der jeweiligen Einkommen, was den Bochumer Sozialwissenschaftlern Renate Dillmann und Arian Schiffer-Nasserie als wesentlicher Mangel der Einkommensstatistik erscheint: »Der ökonomische Zusammenhang zwischen der Einkommens*art* und der Einkommenshöhe ist kategorisch ausgeschlossen und der *Gegensatz* der Einkommensquellen zum quantitativen *Unterschied* vermeintlich qualitativ gleicher ›Einkommensbezieher‹ verharmlost.«[18]

---

16 Vgl. Till Baldenius / Sebastian Kohl / Moritz Schularick, Die neue Wohnungsfrage. Gewinner und Verlierer des deutschen Immobilienbooms, Macrofinance Lab, Universität Bonn, Juni 2019, S. 19

17 Vgl. Marcel Fratzscher, Verteilungskampf. Warum Deutschland immer ungleicher wird, München 2016, S. 43

18 Renate Dillmann / Arian Schiffer-Nasserie, Der soziale Staat. Über nützliche Armut und ihre Verwaltung, Hamburg 2018, S. 29 (Hervorh. im Original)

2019 lag die Armuts(risiko)quote mit 15,9 Prozent auf Rekordniveau im vereinten Deutschland. Die höchsten Armutsrisiken wiesen Erwerbslose (57,9 Prozent), Alleinerziehende (42,7 Prozent) und Nichtdeutsche (35,2 Prozent) auf. Kinder, Jugendliche und Heranwachsende waren ebenfalls stark betroffen, während das Armutsrisiko der Senior(inn)en seit geraumer Zeit am stärksten zunimmt. »Kinder- und Altersarmut sind in der Berliner Republik ein immer drängenderes soziales Problem.«[19]

Während junge Menschen manchmal jahrzehntelang im Bereich des Wohnens, der Gesundheit und der Freizeitgestaltung sowie von Bildung und Kultur benachteiligt sind, wird Senior(inn)en der Lohn für ihre Lebensleistung verweigert. Angehörige dieser Altersgruppe laufen überdies Gefahr, wegen der niedrigen Grundsicherungsleistungen bis zu ihrem Tod sozial ausgegrenzt zu werden und isoliert zu bleiben. Seit die Grundsicherung im Alter und bei Erwerbsminderung zum 1. Januar 2003 eingeführt wurde, hat sich die Zahl der älteren Menschen, die auf sie angewiesen sind, trotz einer strengen Bedürftigkeitsprüfung mehr als verdoppelt. Ende 2019 waren es neben 523.074 dauerhaft voll Erwerbsgeminderten, die als Menschen mit schweren Behinderungen ein sehr hohes Armutsrisiko haben, bereits 561.969 Senior(inn)en, die Leistungen nach dem SGB XII erhielten. Es ist jedoch ein offenes Geheimnis, dass sich ältere Menschen damit schwertun, diese Transferleistung – früher hieß sie Fürsorge bzw. Sozialhilfe – überhaupt zu beantragen, weil sie den bürokratischen Aufwand scheuen oder weil sie irrtümlicherweise den (bis zu einem Jahreseinkommen in Höhe von 100.000 Euro ausgeschlossenen) Unterhaltsrückgriff auf ihre Kinder bzw. sogar auf ihre Enkel fürchten. Kein Wunder also, dass es im Dezember 2019 bereits nicht weniger als 1.129.832 Ruheständler/innen gab, die einen Minijob hatten, darunter 199.494 Personen, die 75 Jahre oder älter waren!

19 Joachim Bischoff/Bernhard Müller, Berliner Republik: eine Klassengesellschaft. Soziale Spaltungen, Wut auf das Establishment und rechte Ressentiments, Hamburg 2019, S. 54

Seit der Vereinigung von BRD und DDR drifteten Lohn- und Kapitaleinkünfte immer stärker auseinander. Die hohen Zuwachsraten der Gewinneinkommen gingen zulasten der Lohneinkommen, deren Anteil am Volkseinkommen rückläufig war.[20] Nach dem 3. Oktober 1990 erreichten nur ganz wenige Ostdeutsche das oberste Einkommensperzentil, dessen Anteil am Volkseinkommen dadurch zunächst erheblich sank, während die untere Hälfte einen Zuwachs verzeichnete.[21] Somit bewirkte die sukzessive Annäherung des ostdeutschen Einkommens- und Ungleichheitsniveaus an das westdeutsche eine vorübergehende Reduktion der Ungleichheit zwischen beiden Landesteilen, die »Inter-Gruppen-Ungleichheit« schwächte sich ab und das gesamtdeutsche Ungleichheitsniveau sank, bis ab Mitte der 1990er-Jahre die Angleichung nachließ, sodass die Ungleichheit in Gesamtdeutschland wieder stieg.[22]

Fortan hat eine »gigantische Umverteilung zugunsten der Kapitaleinkünfte« stattgefunden, wie der Ökonom Heinz-J. Bontrup errechnete: »Hätte nämlich die Lohnquote in allen Jahren bei ihrem Höchstwert von 1993 [72,4 Prozent; *Ch. B.*] gelegen, so hätten die abhängig Beschäftigten von 1991 bis 2017 insgesamt 1.744,3 Mrd. EUR mehr an Einkommen verbuchen können. So haben realiter die Bezieher der Kapitaleinkünfte die gut 1,7 Bio. EUR erhalten.«[23] Denn die Lohnquote erreichte im Jahr 2007 mit 63,6 Prozent einen Tiefstand und erholte sich bis zum Jahr 2017 nur auf 68,5 Prozent. Obwohl die Anzahl der abhängig Beschäftigten im Jahr 2019 auf

20 Vgl. Hans Mittelbach, Lohn- und Kapitaleinkommen in Deutschland 1990 bis 2010. Zur Kritik neoklassischer und neoliberaler Modelle, Köln 2013, S. 380 ff.

21 Vgl. Charlotte Bartels, Einkommensverteilung in Deutschland von 1871 bis 2013: erneut steigende Polarisierung seit der Wiedervereinigung, in: DIW-Wochenbericht 3 / 2018, S. 56

22 Siehe Dorothee Spannagel, Reichtum in Deutschland. Empirische Analysen, Wiesbaden 2013, S. 174

23 Vgl. Heinz-J. Bontrup, Wohnst du noch …? – Immobilienwirtschaft und Mieten kritisch betrachtet, Hamburg 2018, S. 127 und 129

einen Rekordwert stieg, war die Lohnquote nicht höher als zur Jahrtausendwende.

Damals fand eine Ausdifferenzierung der Einkommens- und Vermögensverteilung statt, die auch im internationalen Vergleich extrem stark ausgeprägt ist. »In Deutschland sind Reichtum und Wohlstand nicht nur auf eine kleinere Bevölkerungsgruppe begrenzt als in anderen Ländern, sondern diese kleine Gruppe der Reichen hält auch einen deutlich größeren Anteil des Gesamtvermögens im Land.«[24] Dorothee Spannagel hat in ihrer Dissertation untersucht, ob die Anzahl der Reichen in Deutschland zugenommen oder ob sich der wachsende Reichtum bei den schon vorher Reichen zusammengeballt hat. Sie kam für den Zeitraum von 1985 bis 2005 zu dem Ergebnis, dass es sowohl immer mehr Einkommensreiche wie auch mehr Reichtum für die betreffenden Personen bzw. Haushalte gab: »Für die sehr Reichen [...] gilt, dass ihr Anteil zugenommen hat, vor allem in den Jahren nach 2000.«[25]

Wegen der Covid-19-Pandemie, der Kollateralschäden des am 22. März 2020 bundesweit verfügten Lockdowns (weitgehender Stillstand des öffentlichen Lebens) sowie der von ihm verursachten oder zumindest verschärften Rezession hat die Verteilungsfrage in jüngster Zeit noch an Bedeutung gewonnen. Die österreichischen Ökonomen Franziska Disslbacher und Patrick Mokre weisen deshalb in einem Beitrag über den Household Finance and Consumption Survey (HFCS) der Europäischen Zentralbank zu Recht darauf hin, dass man vor allem die Vermögensverteilung in nächster Zeit aufmerksam beobachten muss, weil ihrer Meinung nach die Gefahr besteht, dass sich die sozioökonomische Ungleichheit im Gefolge der Coronakrise weiter zuspitzt, wodurch sich der Graben zwischen Arm und Reich verbreitern würde.[26]

---

24 Marcel Fratzscher, Verteilungskampf, a. a. O., S. 47

25 Dorothee Spannagel, Reichtum in Deutschland, a. a. O., S. 121

26 Vgl. Franziska Disslbacher / Patrick Mokre, HFCS – Licht im Dunkeln der Vermögensverteilung, in: Makronom, 26.5.2020, S. 3

4.2 Corona und gesundheitliche Ungleichheit: Wer arm ist, muss eher sterben

Der flapsige Spruch »Lieber reich und gesund als arm und krank!« erinnert daran, wie entscheidend das körperliche und das seelische Wohlbefinden für die menschliche Existenz sind. Wer krank ist, wird für arm erklärt, und Gesundheit mit Reichtum auf eine Stufe gestellt. Die aus dem frühen Industriezeitalter bekannten Extremformen gesundheitlicher Ungleichheit haben sich keineswegs verflüchtigt. Vielmehr treffen manche Krankheiten die Mitglieder der einzelnen Klassen und Schichten bis heute sowohl in unterschiedlicher Häufigkeit wie auch in unterschiedlicher Schwere. »Nicht zufällig treten Herz-Kreislauf-Erkrankungen in den Unterschichten weitaus häufiger auf als in den Oberklassen, und psychische Erkrankungen liegen am Sockel der Sozialhierarchie um 40 Prozent über der Rate an ihrer Spitze.«[27]

Transferleistungsbezieher/innen leben oft in verkehrs-, emissions- und schadstoffreichen bzw. lauten Stadtteilen und schlechten Wohnverhältnissen (z.B. in Mietskasernen und sanierungsbedürftigen Alt- oder Plattenbauten). Sofern als »Aufstocker/innen« erwerbstätig, haben sie eher schadstoffbelastete oder aus anderen Gründen ungesunde Jobs, aber auch einen schlechteren Zugang zu medizinischer Versorgung als die große Mehrheit der Bevölkerung. Hartz IV macht nicht bloß viele Menschen krank – sei es, dass sie als Grundsicherungsempfänger/innen von ihrem »persönlichen Ansprechpartner« im Jobcenter schikaniert werden, sei es, dass sie mit den dürftigen SGB-II-Regelsätzen ihren Lebensunterhalt nicht bestreiten können und überschuldet sind, sei es, dass sie unter der Stigmatisierung als »Hartzer« leiden, oder sei es, dass sie als prekär Beschäftigte nicht mehr ruhig schlafen können, weil sie Angst vor der Entlassung haben. Hartz IV ermöglicht den davon Betroffe-

27 Hans-Ulrich Wehler, Die neue Umverteilung. Soziale Ungleichheit in Deutschland, 4. Aufl. München 2013, S. 125

nen auch keine optimale medizinische Versorgung, vor allem dann nicht, wenn sie das Jobcenter sanktioniert, d.h. mit Leistungsentzug für Pflichtverletzungen und Meldevergehen bestraft.

Armut macht krank und Krankheiten, die eine aufwendige medizinische Behandlung oder die Einnahme teurer Medikamente erfordern, machen auch viele Menschen arm, besonders im Alter. In einem höheren Lebensalter steigen die Kosten für ärztliche Behandlungen, Arznei-, Heil- und Hilfsmittel, Krankenhausaufenthalte sowie Pflegedienstleistungen in einem Gesundheitssystem, das im Zeichen des Neoliberalismus zunehmend ökonomisiert, privatisiert und kommerzialisiert wurde.[28] Gerade viele Senior(inn)en sind dadurch finanziell überfordert. Die für den Erhalt bzw. die Wiederherstellung der Gesundheit notwendigen Aufwendungen steigen, während ihre Einkommen im Ruhestand eher sinken. Dadurch sind Ältere, die in der Regel höhere Krankheits- und Pflegekosten schultern müssen, stärker armutsgefährdet. Eine schwere Krankheit, eine Behinderung oder die Pflegebedürftigkeit der Eltern führte bis zum Inkrafttreten des *Angehörigen-Entlastungsgesetzes* am 1. Januar 2020 außerdem häufig zur Armut erwachsener Kinder.

Man könnte meinen, dass vor einem Virus alle gleich sind. Bezüglich der Infektiosität von Coronaviren trifft diese Aussage zu, im Hinblick auf das Infektionsrisiko allerdings nicht. So traf die Covid-19-Pandemie im Frühjahr 2020 alle Menschen, aber mitnichten alle gleichermaßen. Je nach Arbeitsbedingungen, Wohnverhältnissen und Gesundheitszustand waren sie vielmehr ganz unterschiedlich betroffen. Wegen der niedrigen Lebenserwartung von Armen, die rund zehn Jahre geringer ist als die Lebenserwartung von Reichen, gilt selbst in einer wohlhabenden, wenn nicht reichen Gesellschaft wie der Bundesrepublik Deutschland die zynische Faustregel: Wer arm ist, muss früher sterben. Während der Coronapandemie galt: Wer arm ist, muss eher sterben. Denn das

28 Vgl. hierzu: Christoph Butterwegge, Krise und Zukunft des Sozialstaates, 6. Aufl. Wiesbaden 2018, S. 209ff.

Infektionsrisiko von Arbeitslosen und Armen war deutlich höher als das von Reichen.

Der Düsseldorfer Medizinsoziologe Nico Dragano hat zusammen mit einigen Kolleg(inn)en untersucht, ob die Covid-19-Pandemie und die Infektionsschutzmaßnahmen die gesundheitlichen Ungleichheiten verschärfen. Ihre auf Daten der AOK Rheinland/Hamburg basierende Studie ergab einen Zusammenhang zwischen sozioökonomischen Unterschieden (v.a. in Bezug auf das Einkommen, den Bildungsgrad sowie die berufliche Position) und der Häufigkeit von schweren Verläufen einer Coronainfektion. Gegenüber den erwerbstätigen Versicherten hatten Arbeitslosengeld-I-Bezieher/innen im Untersuchungszeitraum vom 1. Januar bis zum 4. Juni 2020 ein um 18 Prozent, Arbeitslosengeld-II-Bezieher/innen sogar ein um 84 Prozent erhöhtes Risiko für einen Covid-19-bedingten Krankenhausaufenthalt.[29] Als mögliche Gründe für diese gravierenden Unterschiede nannten die Autor(inn)en der Studie vornehmlich Ungleichheiten in der Exposition, in der Vulnerabilität, in der medizinischen Versorgung und hinsichtlich der Auswirkungen von Infektionsschutzmaßnahmen.[30]

Seuchen haben in der Vergangenheit teilweise zur Verringerung der Ungleichheit beigetragen, wenn auch nur für eine gewisse Zeit. Walter Scheidel spricht in diesem Zusammenhang von einem »Quartett apokalyptischer Reiter« der sozioökonomischen Nivellierung, wozu er neben den Massenmobilisierungskriegen, transformativen Revolutionen und Verwerfungen, die ein völliger Staatszusammenbruch auslöst, eben auch Länder und sogar Kontinente übergreifende Epidemien zählt: »Die Pandemien waren […] ein Mechanismus, der eine ungeheuer brutale, aber nicht

29 Vgl. Nico Dragano u.a., Higher risk of COVID-19 hospitalization for unemployed: an analysis of 1,298,416 health insured indivduals in Germany, Düsseldorf, Juni 2020, S. 2 und 8f.

30 Vgl. ebd., S. 11f.; Kompetenznetz Public Health COVID-19 (Hg.), Verschärfen COVID-19-Pandemie und Infektionsschutzmaßnahmen die gesundheitlichen Ungleichheiten?, 28.5.2020, S. 3f. (www.public-health-covid19.de)

nachhaltige Komprimierung der Einkommens- und Vermögensungleichheit bewirkte.«[31] Dies geschah etwa bei der mittelalterlichen Pest, die in Europa ab 1347 unzählige Menschen aller Stände dahinraffte, zumindest temporär. Scheidel sieht den Hauptgrund dafür im Verfall der Lebensmittel-, Boden- und Immobilienpreise (aufgrund fehlender Bewohner/innen) einerseits sowie im Anstieg der Löhne (aufgrund fehlender Arbeitskräfte und einer gestärkten Verhandlungsposition der übriggebliebenen gegenüber ihren Arbeitgebern) andererseits. Ungleich verteilt waren jedoch die Überlebenschancen, denn die Vermögenden konnten sich aus den Städten auf ihre Landsitze zurückziehen, um die Ansteckungsgefahr zu verringern.

Ungleichheit ist keine anthropologische Konstante, sondern von Menschen gemacht oder im Prozess ihrer Entstehung wesentlich beeinflusst und daher immer auch reversibel. Branko Milanović unterscheidet in seinem Buch *Global Inequality* zwei Arten von Faktoren, die der sozioökonomischen Ungleichheit entgegenwirken: »Dies sind ›bösartige‹ Kräfte wie Kriege, Naturkatastrophen und Epidemien sowie ›gutartige‹ Kräfte wie eine Ausweitung der Bildung, erhöhte Sozialtransfers und eine progressive Besteuerung.«[32] Eine weniger pessimistische Grundposition zur Möglichkeit einer dauerhaften Reduktion von Ungleichheit als Scheidel nimmt auch Hartmut Kaelble ein. Demnach wirkten nicht bloß Kriege, ökonomische Krisen und Katastrophen sozial nivellierend, vielmehr waren auch die Umverteilungsmaßnahmen progressiver Regierungen durchaus in der Lage, die Ungleichheit einzudämmen. Der Berliner Historiker zeigt in seiner Studie über die Entwicklung der Ungleichheit in Europa vom 20. Jahrhundert bis zur Gegenwart anhand zahlreicher Beispielfälle, »dass soziale Ungleichheit im Kapitalismus nicht primär durch Kriege und Krisen, sondern eher

---

31 Walter Scheidel, Nach dem Krieg sind alle gleich. Eine Geschichte der Ungleichheit, Darmstadt 2018, S. 425

32 Branko Milanović, Die ungleiche Welt. Migration, das Eine Prozent und die Zukunft der Mittelschicht, Berlin 2016, S. 10

durch die Interventionen von Regierungen abgemildert werden konnte und kann.«[33]

Um entscheiden zu können, ob die Covid-19-Pandemie sozial egalisierend, verteilungspolitisch indifferent oder eher polarisierend gewirkt hat, muss man ihre Effekte auf drei Ebenen analysieren: Erstens ist nach den Auswirkungen der Pandemie selbst und nach den unterschiedlichen Infektionsrisiken einzelner Personengruppen (Finanzschwachen und -starken) zu fragen. Zweitens muss die von der Pandemie selbst und dem mehrmaligen Lockdown ausgelöste, sich aber schon vorher abzeichnende Krise der Ökonomie berücksichtigt werden. Drittens geht es um die zum Schutz der Bevölkerung, zur Gefahrenabwehr und zur Stabilisierung der Wirtschaft ergriffenen Maßnahmen. Vor allem die »Sozialschutz-Pakete«, das »Konjunktur- und Krisenbewältigungspaket« sowie das »Zukunftspaket« der Großen Koalition sind auf ihre verteilungspolitischen Folgen zu prüfen.

Mit den bakteriell ausgelösten Epidemien, die Deutschland im 19. Jahrhundert heimsuchten – Cholera, Tuberkulose und Typhus –, hatte die Covid-19-Erkrankung gemeinsam, die Immun- und Einkommensschwächsten am stärksten zu treffen. Obwohl man bei Letzteren sofort an die Senior(inn)en denkt, weisen Silke van Dyk, Stefanie Graefe und Tine Haubner darauf hin, dass Ältere nicht etwa »von Natur aus« anfälliger für eine Infektion mit Sars-CoV-2 und die Covid-19-Pneumonie sind, ihr erhöhtes Krankheitsrisiko vielmehr eine soziale Komponente hat: »Gesundheitszustand und Lebenserwartung sind in Deutschland, wie in den meisten anderen Ländern auch, hochgradig klassenspezifisch verteilt: So leben die einkommensstärksten 20 Prozent der Männer hierzulande fast neun Jahre länger als die einkommensschwächsten 20 Prozent.«[34]

---

33 Siehe Hartmut Kaelble, Mehr Reichtum, mehr Armut. Soziale Ungleichheit in Europa vom 20. Jahrhundert bis zur Gegenwart, Frankfurt am Main / New York 2017, S. 50

34 Silke van Dyk / Stefanie Graefe / Tine Haubner, Das Überleben der »Anderen«: Alter in der Pandemie, in: Blätter für deutsche und internationale Politik 5 / 2020, S. 34

Hauptopfer sämtlicher Pandemien sind die Armen der von ihr heimgesuchten Gesellschaft, wie die Düsseldorfer Medizinhistoriker Heiner Fangerau und Alfons Labisch in ihrem Buch *Pest und Corona* belegen.[35] Sozial bedingte Vorerkrankungen wie Adipositas (Fettleibigkeit), Asthma, Diabetes mellitus (Zuckerkrankheit) oder COPD (Raucherlunge), katastrophale Arbeitsbedingungen (z. B. in der Fleischindustrie) sowie beengte und hygienisch bedenkliche Wohnverhältnisse erhöhten das Risiko für eine Infektion mit Sars-CoV-2 bzw. für einen schweren Covid-19-Krankheitsverlauf. Die zwei oben genannten Bevölkerungsgruppen, zu denen hauptsächlich Obdach- und Wohnungslose, aber auch andere Bewohner/innen von Gemeinschaftsunterkünften wie Strafgefangene, Geflüchtete und (süd)osteuropäische Werkvertragsarbeiter/innen der Subunternehmen deutscher Großschlachtereien bzw. Fleischfabriken, nichtdeutsche Saisonarbeiter/innen, Migrant(inn)en ohne gesicherten Aufenthaltsstatus, Menschen mit Behinderungen, Pflegebedürftige, Suchtkranke, Prostituierte, Erwerbslose, Geringverdiener/innen, Kleinstrentner/innen und Transferleistungsbezieher/innen (Empfänger/innen von Arbeitslosengeld II, Sozialgeld, Grundsicherung im Alter und bei Erwerbsminderung sowie Asylbewerberleistungen) gehören, überlappen sich personell zum größten Teil.

Die ökonomische, soziale und politische Ausnahmesituation der von zahlreichen Verwerfungen begleiteten Covid-19-Pandemie hat das Phänomen der Ungleichheit in Deutschland wie unter einem Brennglas sichtbar gemacht.[36] Wie nie zuvor nach dem Zweiten Weltkrieg wurde erkennbar, dass trotz eines verhältnismäßig hohen Lebens- und Sozialstandards im Weltmaßstab sowie entgegen allen Beteuerungen, die Bundesrepublik sei eine klassenlose Gesellschaft mit gesicherter Wohlständigkeit all ihrer Mitglieder, ein großer Teil

35 Vgl. Heiner Fangerau / Alfons Labisch, Pest und Corona. Pandemien in Geschichte, Gegenwart und Zukunft, Freiburg im Breisgau 2020

36 Vgl. Annett Mängel, Corona: Die ignorierten Armen, in: Blätter für deutsche und internationale Politik 6 / 2020, S. 12

der Bevölkerung nicht einmal für wenige Wochen ohne seine ungeschmälerten Regeleinkünfte auskommt.

Durch monatelange Kontaktverbote, Ausgangsbeschränkungen und Einrichtungsschließungen wurde die ohnehin brüchige Lebensgrundlage der ärmsten Menschen (Bettler/innen, Pfandsammler/innen und Verkäufer/innen von Straßenzeitungen) zerstört, weil fehlende Passant(inn)en und die Furcht der verbliebenen davor, sich zu infizieren, manchmal zum Totalausfall der Einnahmen führten, was stärkere Verelendungstendenzen in diesem Sozialmilieu nach sich zog. Die finanzielle Belastung von Transferleistungsbezieher(inne)n, Kleinstrentner(inne)n und Geflüchteten nahm durch die Schließung der meisten Lebensmitteltafeln weiter zu.

Aufenthaltsbeschränkungen und Abstandsregelungen (»Social Distancing«) förderten tendenziell die Vereinsamung und die soziale Isolation, von der Arme, Alte und Menschen in beengten Wohnverhältnissen am stärksten betroffen waren. In der *Süddeutschen Zeitung* (v. 4./5.4.2020) hat Jürgen Schmieder unter dem Titel *My home is my castle* dargestellt, dass die Coronapandemie zwar alle Menschen betraf, aber nicht alle davon gleich betroffen waren. Dies galt für die gesundheitlichen und psychischen Auswirkungen ebenso wie für die Ausgangsbeschränkungen. Hyperreiche zogen sich beispielsweise auf ihre Luxusyacht oder ihr rund um die Uhr bewachtes Anwesen mit Swimmingpool, Bowlingbahn und Schießanlage zurück und nahmen ihren Privatarzt mit.

Die durch das Coronavirus bewirkte Unterbrechung von Lieferketten und Vertriebswegen, der Verlust von Absatzmärkten sowie die als Reaktion auf die Pandemie behördlich verordnete Schließung von Geschäften, Gaststätten, Hotels, Clubs, Kinos, Theatern und anderen Einrichtungen nach dem *Infektionsschutzgesetz* hatten erhebliche wirtschaftliche Einbußen für die dort Tätigen, aber auch eine Konkurswelle und Entlassungen im großen Stil zur Folge. Die mit Verzögerung einsetzende, als größte Rezession seit dem Zweiten Weltkrieg geltende Krise warf nicht bloß ein Schlaglicht auf die hierzulande bestehende Ungleichheit, verschärfte sie in Teilbereichen vielmehr noch. Einerseits blieben Kurzarbeit für über sechs Millionen Beschäftigte, Insolvenzen kleinerer und mittlerer Unternehmen sowie Arbeitsplatzverluste (z.B. in der Gastronomie, der Touristik und der Luftfahrtindustrie) nicht aus, andererseits realisierten Großkonzerne krisenresistenter Branchen (z.B. Lebensmittel-Discounter, Drogeriemärkte, Versandhandel, Lieferdienste, Digitalwirtschaft und Pharmaindustrie) in der Coronakrise sogar Extraprofite.

Der Stuttgarter Journalist Minh Schredle bezog sich auf eine Studie des Washingtoner Instituts für politische Studien, als er feststellte, dass die US-Milliardäre zwischen dem 18. März und dem 10. April 2020 um 282 Milliarden Dollar reicher geworden seien, während Millionen Nordamerikaner/innen arbeitslos wurden. Ihre vorübergehenden Gewinneinbrüche, zu denen es während der Coronakrise gekommen war, glichen die Hyperreichen schnell wieder aus. »In der Finanzkrise 2009 dauerte es 30 Monate, bis die Reichsten ihre Verluste kompensiert hatten und wieder dazuverdienten. Diesmal dauerte es nur drei Wochen. Die ökonomische Ungleichheit nimmt nicht nur konstant zu – sondern auch immer schneller.«[37]

Wie unterschiedlich die Vermögenssituation der Hyperreichen eingeschätzt wurde, illustrieren zwei Zeitungsberichte über den *Global Wealth Report 2020* der US-amerikanischen Unternehmensberatung Boston Consulting Group vom selben Tag. Während Frank-Thomas Wenzel im *Kölner Stadt-Anzeiger* am 19. Juni 2020 unter dem Titel »Pandemie trifft die Superreichen. Corona-Krise wird das Wachstum der Privatvermögen in den kommenden Jahren merklich dämpfen« den Hochvermögenden »magere Jahre« prophezeite, gewichtete der Artikel »Immer mehr Millionäre. Die Coronakrise lässt das Vermögen der Reichen zwar schrumpfen. Aber das wird nicht von Dauer sein« im Berliner *Tagesspiegel* nicht bloß den Rekordzuwachs der Riesenvermögen im Jahr 2019, sondern auch die günstigen Zukunftsaussichten des Hyperreichtums stärker.

---

37 Minh Schredle, Stets auf Seiten der Sieger. Die Pandemie verschärft das Elend der Armen. Doch die Reichsten sind schon wieder reicher als vor dem Krisenausbruch, in: Kontext: Wochenzeitung v. 13.6.2020, S. 2

Zu den Hauptprofiteuren des Krisendesasters gehörten einige der profitabelsten Unternehmen mit den reichsten Chefs. So expandierte das Amazon-Imperium unmittelbar nach dem Beginn der Pandemie und suchte allein in den USA 100.000 zusätzliche Arbeitskräfte, um den Boom im Online-Versandhandel zu bewältigen. Im ersten Quartal 2020 stieg der Umsatz im Vergleich zum Vorjahresergebnis um 26 Prozent auf 75,5 Milliarden US-Dollar (68,9 Milliarden Euro), und Jeff Bezos, vorher schon reichster Mann der Welt, vergrößerte sein Vermögen aufgrund der Coronakrise weiter. Auf dem Höhepunkt der Pandemie war es im Vergleich zum Jahresbeginn 2020 laut dem Bloomberg Billionaires Index um 24 Milliarden Dollar auf 138,5 Milliarden Dollar (126,1 Milliarden Euro) gestiegen.

Thilo Bode, Gründer und Internationaler Direktor der Verbraucherschutzorganisation Foodwatch, hält diesen Reichtum für schlimmer als den zu Feudalzeiten: »Bezos mag ein brillanter Kopf sein, ein genialer Geschäftsmann, ein Visionär, der die Zeichen der Zeit früher erkannte als andere. Aber sein Reichtum ist nicht Ausdruck seiner Fähigkeiten und seiner Leistung; er ist Ausdruck dafür, dass er in einem irren System operiert.«[38] Bode zeigt an Beispielen aus Deutschland und den USA, dass die Amazon-Beschäftigten, aber auch die normalen Steuerzahler/innen und Verbraucher/innen für Bezos' »aberwitziges Vermögen« einen hohen Preis zahlen.

Viele kleine Einzelhändler/innen haben wegen der Schließung ihrer Läden und ausbleibender Kunden hingegen ihre Existenzgrundlage verloren. Wahrscheinlich hat sich die Kluft zwischen Arm und Reich nicht zuletzt deshalb am Ende weiter vertieft. Bei einer vom DIW unter den SOEP-Haushalten durchgeführten Ergänzungsbefragung berichteten jedenfalls 20 Prozent der im Jahr 2019 erwerbstätigen Personen, dass ihr Einkommen aufgrund der Coronakrise gesunken sei: »Ein Verlust des Erwerbseinkommens wird zu einem Viertel etwas häufiger von den Erwerbstätigen im

---

38 Thilo Bode, Die Diktatur der Konzerne. Wie globale Unternehmen uns schaden und die Demokratie zerstören, 3. Aufl. Frankfurt am Main 2019, S. 139

unteren bzw. oberen Terzil im Vergleich zum mittleren Terzil (ca. 16 Prozent) angegeben.«[39]

Unter dem Druck der Coronakrise, die zu Einkommensverlusten durch Kurzarbeit, Arbeitslosigkeit und Bankrotten geführt hat, kauften vermutlich mehr Familien bei Lebensmittel-Discountern ein, um Haushaltsgeld zu sparen, wodurch die Besitzer von Ladenketten wie Aldi Nord und Aldi Süd, die ohnehin zu den vermögendsten Deutschen gehören, noch reicher geworden sein dürften. So wurde das Privatvermögen von Dieter Schwarz, dem Eigentümer von Lidl und Kaufland, im September 2020 mit 41,8 Milliarden Euro veranschlagt. Infolge der Coronakrise sind wahrscheinlich auch mehr Girokonten von prekär Beschäftigten, Soloselbstständigen, Kurzarbeiter(inne)n und Kleinstunternehmer(inne)n ins Minus gerutscht, weshalb gerade die finanzschwächsten Kontoinhaber/innen hohe Dispo- und Überziehungszinsen zahlen mussten. Dadurch wurden jene Personen, denen die Banken oder Anteile daran gehören, noch reicher. Vergleichbares gilt für die Kassen- bzw. Liquiditätskredite überschuldeter Kommunen, die geringere Gewerbesteuereinnahmen, aber höhere Sozialausgaben als vor der Covid-19-Pandemie hatten. Daher hat die öffentliche Armut zugenommen, während der private Reichtum weniger Hochvermögender gestiegen ist.

Zwar brachen die Aktienkurse nach Ausbruch der Covid-19-Pandemie in Deutschland wie an sämtlichen Börsen der Welt ein, dramatische Verluste erlitten aber vor allem Kleinaktionäre, die generell zu Panikreaktionen und überhasteten Verkäufen neigen. Hedgefonds und Finanzkonglomerate wie BlackRock wetteten hingegen sogar mittels Leerverkäufen erfolgreich auf fallende Aktienkurse und verdienten an den Einbußen der Kleinanleger/innen, weshalb sie der Publizist Jens Berger als »Gewinner der Krise« bezeichnet.[40] Groß-

39 Carsten Schröder u. a., Vor dem Covid-19-Virus sind nicht alle Erwerbstätigen gleich, in: DIW aktuell 41 / 2020, S. 3

40 Siehe Jens Berger, Die Gewinner der Krise – BlackRock und Co. kassieren gleich doppelt, in: NachDenkSeiten – die kritische Website, 24.3.2020

investoren dürften die Gunst der Stunde außerdem für Ergänzungskäufe zu relativ niedrigen Kursen genutzt und davon profitiert haben, dass der Kurstrend in Erwartung eines generösen staatlichen Konjunkturprogramms bald wieder nach oben zeigte. Zu den mutmaßlichen Krisengewinnlern gehörten die Erben des Münchner Multimilliardärs Hans Hermann Thiele, der im März 2020 bei der Lufthansa billig einstieg, seinen Aktienanteil auf dem Höhepunkt der Covid-19-Pandemie erhöhte und als neuer Hauptaktionär dem mit Staatsgeldern vor der Insolvenz bewahrten Unternehmen, den Betriebsräten sowie den Gewerkschaften von Piloten, Flugbegleiter(inne)n und Bodenpersonal massive Personaleinschnitte, Gehaltseinbußen, eine Kürzung der Betriebsrenten und einen Verzicht auf Sonderzahlungen abringen konnte.

Je höher die berufliche Position bzw. der soziale Status eines Menschen ist, umso leichter kann er auch zuhause arbeiten, denn es geht in diesem Fall eher um eine Bürotätigkeit am Bildschirm. »Beschäftigten in Produktion, Handwerk, Einzelhandel oder in stationären Pflegeeinrichtungen steht diese Option naturgemäß nicht offen.«[41] Im digitalen Homeoffice ließ sich das Betreuungsproblem leichter lösen, welches entstand, als Kindertagesstätten, Schulen und Pflegedienste schlossen. Während hauptsächlich Erwerbstätige im oberen Einkommensbereich und mit einem hohen Bildungsabschluss darauf zurückgreifen konnten, fehlte Beschäftigten im Niedriglohnsektor diese Möglichkeit, sich um ihre Kinder oder pflegebedürftige Angehörige zu kümmern, fast durchgängig. Beschäftigte mit geringem Einkommen und niedrigem Bildungsstand hatten daher bei der Arbeit auch ein höheres Ansteckungsrisiko.[42]

Kinder und Jugendliche gehörten weltweit zu den Hauptleidtragenden der Covid-19-Pandemie. Michael Klundt, Professor für Kinderpolitik an der Hochschule Magdeburg-Stendal, hat die Aus-

41 Jakob Habermann, Ungleichheit im Schatten der Pandemie. Soziale Implikationen der Corona-Krise, in: Sozialismus 5/2020, S. 60

42 Vgl. Carsten Schröder u. a., Vor dem Covid-19-Virus sind nicht alle Erwerbstätigen gleich, a. a. O., S. 2

wirkungen der Coronakrise auf die Lebensbedingungen junger Menschen im Auftrag der LINKEN-Bundestagsfraktion untersucht. Er gelangte zu dem Ergebnis, dass die Coronakrise ein »Armutskatalysator« für die Familien gewesen sei, eine Privatisierung der Krisenrisiken stattgefunden habe und von einem kindergerechten Krisenmanagement durch die politisch Verantwortlichen keine Rede sein könne, weshalb insgesamt ein gesellschaftlicher Rückschritt und die Bundesrepublik ein »kinderfeindliches Land« zu werden drohe.[43]

Zwar wurde der Lohn- bzw. Gehaltsausfall von Eltern aufgrund der notwendigen Betreuung unter-12-jähriger Kinder zuhause für jeweils maximal zehn (bzw. im Falle der Alleinerziehenden 20) Wochen mit bis zu 67 Prozent des früheren Nettoentgelts nach dem *Infektionsschutzgesetz* teilweise ausgeglichen. Wenn beide Elternteile berufstätig waren, blieben aber meist die Mütter bei ihren Kindern, deren Bildungs- und Betreuungseinrichtungen für längere Zeit nicht öffneten.[44] Da sie häufig ihre Arbeitszeit reduzieren oder ihren Jahresurlaub opfern mussten und die Wohnungen der Alleinerziehenden im Durchschnitt sehr viel kleiner sind als die anderer Personengruppen, waren die psychischen Belastungen während des Lockdowns für Frauen enorm. Zugenommen hat daher zweifellos auch die Ungleichheit der Geschlechter, waren es doch hauptsächlich Frauen, die im Erwerbsleben zurückstecken mussten, weil sich Beruf und die Familie aufgrund der Reprivatisierung bzw. Deprofessionalisierung der Kinderbetreuung noch weniger miteinander vereinbaren ließen als sonst. Bettina Kohlrausch und Aline Zucco, Direktorin bzw. Mitarbeiterin des Wirtschafts- und Sozialwissenschaftlichen Instituts (WSI) der Hans-Böckler-Stiftung, sprechen in diesem Zusammenhang von einer

43 Siehe Michael Klundt, Krisengerechte Kinder statt kindergerechtem Krisenmanagement?, Auswirkungen der Corona-Krise auf die Lebensbedingungen junger Menschen, Berlin 2020 (Fraktion DIE LINKE im Bundestag)

44 Vgl. Kai-Uwe Müller u.a., Corona-Krise erschwert Vereinbarkeit von Beruf und Familie vor allem für Mütter – erwerbstätige Eltern sollten entlastet werden, in: DIW-Wochenbericht 19/2020, S. 336

»doppelten« Benachteiligung von Frauen durch weniger Erwerbseinkommen und mehr Sorgearbeit.[45]

Bund, Länder und Gemeinden haben in der Coronakrise nach kurzem Zögern fast über Nacht mehr als 1,5 Billionen Euro für direkte Finanzhilfen, Bürgschaften und Kredite mobilisiert. Letztere wurden über die Kreditanstalt für Wiederaufbau (KfW) abgewickelt und kamen in erster Linie großen Unternehmen zugute, während kleine und mittlere Unternehmen mit einmaligen Zuschüssen unterstützt wurden, die laufende Betriebskosten decken, aber nicht zur Bestreitung des Lebensunterhalts verwendet werden durften. Für den Politikwissenschaftler Thomas Sablowski, Referent am Institut für Gesellschaftsanalyse der Rosa-Luxemburg-Stiftung, waren die Hilfsmaßnahmen der Bundesregierung insofern »klassenspezifisch strukturiert«, als sie das (Groß-)Kapital stark begünstigten: »Die Kapitalistenklasse darf sich über 600 Mrd. Euro staatliche Unterstützung sowie Kredite der KfW in potentiell unbegrenzter Höhe freuen. Die mittlere Bourgeoisie und das Kleinbürgertum erhalten 50 Mrd. Euro vom Staat, während die lohnabhängige Mittelklasse und die Arbeiterklasse bei dem Maßnahmepaket der Bundesregierung praktisch leer ausgehen.«[46]

Während zahlreiche Unternehmen, darunter auch solche mit einer robusten Kapitalausstattung, von der Bereitschaft des Staates zu einer hohen Neuverschuldung (Abschied von der Schwarzen Null und den Restriktionen der Schuldenbremse) profitierten, mussten sich die Finanzschwachen verglichen mit den Fördermaßnahmen für die Wirtschaft bescheiden. Da bei ihnen von den milliardenschweren Hilfspaketen und Rettungsschirmen für die Unter-

45 Vgl. Bettina Kohlrausch / Aline Zucco, Die Corona-Krise trifft Frauen doppelt. Weniger Erwerbseinkommen und mehr Sorgearbeit, in: WSI Policy Brief 5 / 2020; ergänzend: Susan Vahabzadeh, Alles auf Anfang? – Nur wer sich frei bewegen kann, hat Anteil an der Macht: Warum Ausgangsbeschränkungen Frauen härter treffen als Männer, in: Süddeutsche Zeitung v. 7.4.2020

46 Thomas Sablowski, Der Klassencharakter der deutschen Politik in der Coronakrise, in: zeitschrift-luxemburg.de, April 2020, S. 15

nehmen kaum etwas ankam, stieg ihre Überschuldung während der historischen Ausnahmesituation.

Mit dem am 15. März 2020 in Kraft getretenen *Gesetz zur befristeten krisenbedingten Verbesserung der Regelungen für das Kurzarbeitergeld* ermächtigte das Parlament die Bundesregierung, bis zum 31. Dezember 2021 befristet per Rechtsverordnung festzulegen, dass fast die gesamten Lohnkosten von Unternehmen (einschließlich der Arbeitgeberbeiträge zur Kranken-, Pflege- und Rentenversicherung) getragen wurden, wenn mindestens 10 Prozent der in einem Betrieb beschäftigten Arbeitnehmer/innen zu mindestens 10 Prozent vom Entgeltausfall betroffen waren. Thomas Sablowski hält die großzügige Ausdehnung der Regelungen zur Kurzarbeit für die erste und wichtigste Maßnahme, welche das Parlament »zugunsten der Kapitalistenklasse« beschlossen hat: »Dadurch werden die Kapitalisten in die Lage versetzt, ihren Bedarf an Arbeitskräften flexibel der Krisendynamik anzupassen. Sie können die regulären Arbeitsverträge aussetzen und ihre Kosten senken, ohne ihre lohnabhängig Beschäftigten zu entlassen. Sie können die Arbeitszeiten beliebig reduzieren und einen Teil oder alle Beschäftigten freistellen. Im Vergleich zur Entlassung hat die Kurzarbeit den Vorteil, dass die Kapitalisten, wenn sich die Lage normalisiert, unmittelbar wieder auf ihre Beschäftigten zurückgreifen können.«[47]

Zwar konnten fortan auch Leiharbeitnehmer/innen das Kurzarbeitergeld beziehen; dieses betrug aber höchstens 60 Prozent des pauschalierten Nettoentgelts für Kinderlose und 67 Prozent des pauschalierten Nettoentgelts, sofern Kinder im Haushalt lebten. Überstundenzuschläge, Einmalzahlungen (z.B. Gewinnbeteiligungen oder Jahresprämien) sowie steuer- und beitragsfreie Zuschläge für Sonntags-, Feiertags- und Nachtarbeit blieben bei der Berechnung unberücksichtigt, was im Falle der »Kurzarbeit Null« nicht bloß für Geringverdiener/innen drastische Einbußen gegenüber ihrem früheren Lohn und gravierende Einschränkungen ihres gewohnten

47 Ebd., S. 2f.

Lebensstandards mit sich brachte. Allerdings waren Beschäftigte aus finanziell bessergestellten Haushalten seltener von Kurzarbeit betroffen, wie das Institut für Arbeitsmarkt- und Berufsforschung (IAB) der Bundesagentur für Arbeit feststellte.[48]

Studierende, die mit ihrem regulären BAföG-Satz nicht auskamen und von ihren Eltern nicht unterstützt werden (können), verloren häufig ihren Nebenjob (z.B. in der Gastronomie), der ihren Lebensunterhalt bis dahin gesichert hatte. Da sie weder Kurzarbeiter- noch Arbeitslosengeld (I bzw. II) beantragen konnten, waren Studienabbrüche nicht selten die Folge. Bundesbildungsministerin Anja Karliczek verwies die für ein Notfall-BAföG bzw. Direktzuschüsse plädierenden Betroffenen auf einen Studienkredit der Kreditanstalt für Wiederaufbau in Höhe von maximal 650 Euro pro Monat, den das rückwirkend zum 1. März 2020 in Kraft getretene *Wissenschafts- und Studierendenunterstützungsgesetz* vorsah. Trotz der Zinsbefreiung bedeutete die Darlehenslösung am Ende eine hohe Schuldenlast für die Betroffenen. Auch die ab Mitte/Ende Juni 2020 gezahlten Überbrückungshilfen aus dem von der SPD durchgesetzten Nothilfefonds im Umfang von 100 Millionen Euro reichten kaum, um die in finanzielle Schwierigkeiten geratenen Studierenden aufzufangen.

Teile der (Medien-)Öffentlichkeit, Regierung und Verwaltung interessierten sich weniger für diese sozialen Auswirkungen der Pandemie als für die aktuellen Infektionszahlen, denen man aufgrund hoher Dunkelziffern eigentlich kaum Glauben schenken konnte. Selbst das in Windeseile durch Bundestag und Bundesrat gebrachte, am 28. März 2020 in Kraft getretene Erste *Sozialschutz-Paket* der CDU/CSU/SPD-Koalition wies eine verteilungspolitische Schieflage auf. Während der Arbeitslosengeld-II-Bezug für von der Coronakrise geschädigte Soloselbstständige erleichtert wurde, indem man die strenge Vermögensprüfung für sie vorübergehend aussetzte und ein halbes Jahr lang die Angemessenheit der Wohnung stillschweigend voraus-

48 Vgl. Thomas Kruppe / Christopher Osiander, Kurzarbeit in der Corona-Krise: Wer ist wie stark betroffen?, in: IAB-Forum v. 30.6.2020, S. 6

setzte, erhielten langjährige Hartz-IV-Bezieher/innen selbst dann keinen Ernährungszuschlag, wenn ihre Kinder während der wochenlangen Kita- und Schulschließungen zuhause verpflegt werden mussten, anstatt wie sonst kostenfrei die Gemeinschaftsverpflegung in der öffentlichen Betreuungseinrichtung zu nutzen.

Mit dem am 29. Mai 2020, teilweise aber auch rückwirkend zum 1. Januar desselben Jahres in Kraft getretenen *Sozialschutz-Paket II* wurde das Kurzarbeitergeld auf Druck von Gewerkschaften und SPD-Führung bis zum Jahresende befristet auf 70 bzw. 77 Prozent nach drei Monaten und auf 80 bzw. 87 Prozent nach sechs Monaten angehoben, sofern die Arbeitszeit um mindestens 50 Prozent reduziert war. Außerdem erweiterte der Gesetzgeber – ebenfalls zunächst bis zum Jahresende befristet – die Hinzuverdienstmöglichkeiten für Kurzarbeiter/innen. Sinnvoller wäre die Schaffung eines Mindestkurzarbeitergeldes gewesen, wie es den CDU-Sozialausschüssen vorschwebte, weil Geringverdiener/innen davon stärker profitiert hätten als Besserverdienende. Um drei Monate verlängert wurde die Bezugsdauer des Arbeitslosengeldes (I) für diejenigen Erwerbslosen, deren Anspruch sonst zwischen dem 1. Mai und 31. Dezember 2020 geendet hätte.

Durch die im *Corona-Steuerhilfegesetz* enthaltene Senkung des Mehrwertsteuersatzes von 19 auf 7 Prozent auf Speisen sollten Gastronomiebetriebe zunächst nur in der Zeit zwischen dem 1. Juli 2020 und dem 30. Juni 2021 bei der Wiedereröffnung unterstützt und die wirtschaftlichen Folgen der Corona-Beschränkungen abgemildert werden. Mit einem erwarteten Steuerausfall in Höhe von drei bis vier Milliarden Euro für den Staat war diese Regelung nicht bloß sehr teuer. Sie (über)kompensierte vielmehr auch Verluste der Systemgastronomie sowie bald wieder florierender Sternerestaurants und Schlosshotels, half akut vom Existenzverlust bedrohten Eckkneipiers hingegen überhaupt nicht.

Unter der Überschrift »Corona-Folgen bekämpfen, Wohlstand sichern, Zukunftsfähigkeit stärken« hat der Koalitionsausschuss von CDU, CSU und SPD am 2./3. Juni 2020 ein Eckpunktepapier verabschiedet, das nicht weniger als 57 Positionen umfasste.[49] Während das Konjunktur- und Krisenbewältigungspaket im ersten Teil 31 Punkte enthielt, beschränkte sich das Zukunftspaket im zweiten Teil auf 26 Positionen. Obwohl das Kompromisspapier der Großen Koalition durchaus sinnvolle Vorschläge enthielt und auf die höchst problematische, von der Autolobby geforderte Kaufprämie für Kraftfahrzeuge mit einem Verbrennungsmotor verzichtete, war es wie alle früheren Covid-19-Hilfsprogramme des Staates nicht verteilungsgerecht. Überproportional profitieren dürften bei den vom Bundesfinanzministerium veranschlagten Ausgaben in Höhe von 130 Milliarden Euro die Wirtschaft, Unternehmen und Besserverdienende. Grob überschlagen kommen den Unternehmen bzw. ihren Eigentümern davon 100 Milliarden Euro zugute, während sich Arbeitnehmer/innen, Rentner/innen, Studierende, Transferleistungsbezieher/innen und ihre Familien die restlichen 30 Milliarden Euro teilen müssen.

Überbrückungshilfen für Branchen, die von einem »Corona-bedingten Umsatzausfall« betroffen waren, stellten mit Kosten in Höhe von 25 Milliarden Euro maximal den größten Einzelposten des Konjunktur- und Krisenbewältigungspakets dar. Kaum weniger teuer war die zeitweilige Senkung des Mehrwertsteuersatzes von 19 Prozent auf 16 Prozent bzw. von sieben Prozent auf fünf Prozent, die dem Staat einen Einnahmeausfall in Höhe von 20 Milliarden Euro bescheren sollte. Ein niedrigerer Mehrwertsteuersatz ist an sich durchaus wünschenswert, weil diese Steuerart arme Personen, die einen Großteil ihres Einkommens in den Alltagskonsum stecken (müssen), am härtesten trifft. Nur hat kaum ein Händler wegen der befristeten Mehrwertsteuersenkung die Preise seiner Waren für die Dauer eines halben Jahres gesenkt, sondern die meisten Unternehmer dürften die geringere Umsatzsteuerabführung ans Finanzamt als

49 Vgl. zum Folgenden: Corona-Folgen bekämpfen, Wohlstand sichern, Zukunftsfähigkeit stärken. Ergebnis Koalitionsausschuss, 3. Juni 2020 (www.bundesfinanzministerium.de / Content / DE / Standardartikel / Themen / Schlaglichter / Konjunkturpaket / 2020-06-03-eckpunktepapier.pdf?__blob=publicationFile&v=8; 15.6.2020)

zusätzlichen Gewinn für sich verbucht haben, ganz unabhängig davon, ob sie Umsatzeinbrüche wegen der Covid-19-Pandemie erlitten oder nicht. Man kann von einem steuerpolitischen Paradox sprechen: Existiert keine oder eine niedrige Umsatzsteuer, nützt das vor allem den Armen. Sobald sie existiert – in der Bundesrepublik seit 1968 –, haben die Armen kaum etwas von ihrer Senkung, zumindest dann nicht, wenn diese zeitlich oder vom Umfang her begrenzt ist.

Je umsatzstärker (und vermutlich auch größer und kapitalkräftiger) ein Unternehmen war, umso stärker profitierte es von der Mehrwertsteuersenkung. Passgenau waren die Hilfen für Unternehmen daher nicht. Bei der Ausweitung des steuerlichen Verlustrücktrags, der Einführung einer degressiven Abschreibung für Abnutzung (AfA) mit einem höheren Faktor und maximal 25 Prozent pro Jahr für bewegliche Wirtschaftsgüter des Anlagevermögens 2020/21 und der unbefristeten »Modernisierung« des Körperschaftsteuerrechts (Einführung eines Optionsmodells zur Körperschaftsteuer für Personengesellschaften) handelte es sich um drei ziemlich teure Steuergeschenke, die der Wirtschaftsflügel der Unionsparteien den Unternehmern schon lange machen wollte.

Um eine Steigerung der gesetzlichen »Lohnnebenkosten« – gemeint sind die Beiträge der Arbeitgeber zur Sozialversicherung – zu verhindern, hat die Große Koalition mit ihrer »Sozialgarantie 2021« einer alten Forderung der Unternehmerverbände nachgegeben, die Sozialversicherungsbeiträge durch den Einsatz von Steuermitteln bei 40 Prozent vom Bruttolohn oder -gehalt zu deckeln. Arbeitnehmer/innen haben ein sehr viel weniger ausgeprägtes Interesse an niedrigen Sozialversicherungsbeiträgen als die Arbeitgeber, weil dadurch zwar ihr verfügbares Monatseinkommen steigt, das Leistungsniveau der Gesetzlichen Krankenversicherung, der Arbeitslosenversicherung, der Gesetzlichen Rentenversicherung und der Sozialen Pflegeversicherung aber tendenziell sinkt.

Die am härtesten von der Pandemie betroffenen Personengruppen wurden im Konjunktur- und Krisenbewältigungspaket, wenn überhaupt, nur ganz am Rande bedacht. Obdach- und Wohnungslose, Geflüchtete, Migrant(inn)en ohne gesicherten Aufenthaltsstatus, Menschen mit Behinderungen, Pflegebedürftige, Suchtkranke, Prostituierte, Erwerbslose, Geringverdiener/innen, Kleinstrentner/innen und Transferleistungsbezieher/innen (Empfänger/innen von Arbeitslosengeld II, Sozialgeld, Grundsicherung im Alter und bei Erwerbsminderung sowie Asylbewerberleistungen) gehörten sicher nicht zu den Gewinner(inne)n des verstärkten Staatsinterventionismus.

Bis zum 30. September 2020 verlängert wurde der erleichterte Zugang in die Grundsicherung für Arbeitsuchende (Arbeitslosengeld II), welcher Soloselbstständigen und Kleinstunternehmer(inne)n zugutekommt, deren Existenz bedroht war, die aber ein das Schonvermögen überschreitendes Vermögen und/oder eine teure Mietwohnung haben. Transferleistungsbezieher/innen, die schon länger Arbeitslosengeld II, Sozialgeld, Grundsicherung im Alter und bei Erwerbsminderung oder Asylbewerberleistungen erhielten, hatten davon nichts.

Eltern bekamen im Herbst 2020 und im Frühjahr 2021 eine Einmalzahlung von 300 Euro (in zwei Raten) bzw. 150 Euro pro Kind, die bei höheren Einkommen mit dem steuerlichen Kinderfreibetrag verrechnet wurde. Zwar half dieser »Kinderbonus« den Familien im Hartz-IV-Bezug etwas, weil er nicht auf das Arbeitslosengeld II bzw. das Sozialgeld angerechnet wurde. Allerdings wurden Familien mit diesen Einmalzahlungen abgefunden, während man kriselnden Unternehmen zum Teil eine längerfristige Förderung in Aussicht stellte. Ebenso wünschenswert wie eine dauerhafte wäre eine passgenauere Hilfe gewesen. Schließlich bekamen den Kinderbonus auch Eltern, die gar keine finanzielle Unterstützung brauchten. Erst bei der Abgabe ihrer Einkommensteuererklärung wurden ihnen die 450 Euro wieder abgezogen.

Ausländer/innen, die keinen Anspruch auf Kindergeld hatten, gingen leer aus. Familien im Transferleistungsbezug wäre eher mit einem Ernährungszuschlag in Höhe von 100 Euro pro Monat gedient gewesen, wie ihn Gewerkschaften, Wohlfahrtsverbände und Kirchen forderten, weil im Frühjahr 2020 viele Lebensmitteltafeln geschlossen und die Preise für Frischeprodukte gestiegen waren. Eine gezielte Unterstützung von Bedürftigen wäre nicht bloß moralisch geboten, sondern auch ökonomisch sinnvoll, weil dadurch die Massenkaufkraft gestärkt würde. Finanzschwache tragen zusätzliches Einkommen sofort in die Geschäfte, es fließt also zurück in den Wirtschaftskreislauf und kurbelt die Binnenkonjunktur an. Geld, das die Armen erhalten, landet weder auf dem Bankkonto noch an den Börsen.

Zwar wurden Familien und Kinder im Konjunktur- und Krisenbewältigungspaket der Großen Koalition finanziell durchaus bedacht, Bildungseinrichtungen wie die Schulen und Kindertagesstätten kamen allerdings eher zu kurz.[50] Sehr viel großzügiger war das Zukunftspaket über 50 Milliarden Euro, in dem mit der Technologieförderung jene Staatsausgaben dominierten, die Großunternehmen der Automobil-, Luftfahrt-, Computer-, Telekommunikations- und Energieindustrie sowie anwendungsorientierten und wirtschaftsnahen Forschungseinrichtungen zugute kommen.

Auch für die Kommunen wurde – verglichen damit – wenig getan. Zwar übernahm der Bund einen höheren Anteil der Unterkunftskosten bei der Grundsicherung für Arbeitsuchende, stockte die Mittel für den Kapazitätsausbau der öffentlichen Kinderbetreuung ebenso auf wie das Investitionsprogramm für Ganztagsschulen/-betreuung und kompensierte krisenbedingte Ausfälle bei den Gewerbesteuereinnahmen. Nicht durchsetzen konnte die SPD jedoch ihre Forderung nach Übernahme der kommunalen Altschulden.

Das kostenlose Mittagessen für bedürftige Kinder im Bildungs- und Teilhabepaket konnte bei geschlossenen Schulen und Kindertagesstätten aufgrund des *Sozialschutz-Pakets II* zwar nach Hause geliefert werden. In der Praxis zeigte sich jedoch, dass die Träger der besagten Einrichtungen zur Belieferung von Privathaushalten meistenteils gar nicht in der Lage waren und Eltern die Ernährung

50 Vgl. C. Katharina Spieß, Zum Schaden einer ganzen Generation. Es gibt auch Geld für die Kinder im Konjunkturpaket der Regierung. Aber Kita und Schule kommen zu kurz, in: Frankfurter Rundschau v. 6./7.6.2020

für ihren Nachwuchs auch weiterhin ohne zusätzliche Finanzmittel sicherstellen mussten. Die entstandenen Mehrkosten wurden den Eltern im Transferleistungsbezug nicht erstattet.

Alleinerziehenden gewährte die Große Koalition aufgrund ihres höheren Betreuungsaufwandes und der damit verbundenen finanziellen Mehraufwendungen auf zwei Jahre befristet einen höheren Entlastungsbetrag, den allerdings nur solche Elternteile nutzen können, die Steuern auf ein relativ hohes Einkommen zahlen müssen. Die von Armut betroffenen oder bedrohten Alleinerziehenden – das waren nach Angaben des Statistischen Bundesamtes schon vor der Covid-19-Pandemie, dem ersten Lockdown und der Rezession immerhin 42,7 Prozent aller Alleinerziehenden – kamen nicht in den Genuss dieser Maßnahme, weil sie gar keine oder nur wenig Einkommensteuer zahlen müssen.

Dieser Konstruktionsfehler einer an sich durchaus zweckmäßigen Hilfsmaßnahme ist typisch für die Regierungspolitik. Wenn sie einem Vergabeprinzip folgt, ist es die »Leistungsgerechtigkeit«, bei der es um den ökonomischen Erfolg einer Personengruppe geht, die Hilfe braucht: Gewinneinbußen vor der Covid-19-Pandemie rentabler Unternehmen wollte die Große Koalition mittels finanzieller Soforthilfen ausgleichen, und Lohn- bzw. Gehaltseinbußen sozialversicherungspflichtig Beschäftigter sollten mittels Kurzarbeitergeld abgemildert werden. Transferleistungsempfänger/innen hatten durch den wiederholten Lockdown hingegen scheinbar nichts verloren und daher auch wenig zu erwarten. Relativ großzügig unterstützt wurden hauptsächlich Menschen, denen es gar nicht so schlecht wie vielen anderen ging, die man eher »vergessen« bzw. systematisch übergangen hat. Deshalb kann man das Konjunkturpaket von CDU, CSU und SPD nicht sozial ausgewogen nennen. Stattdessen hätte die Bedarfsgerechtigkeit als Ziel von Hilfsmaßnahmen im Mittelpunkt aller Bemühungen der politisch Verantwortlichen stehen und das Motto lauten sollen: Wer wenig hat, muss besonders viel, und wer viel hat, muss entsprechend wenig Unterstützung seitens des Sozialstaates bekommen.

Weil die staatlichen Rettungspakete in Deutschland wie anderswo nicht mit klaren sozialen und ökologischen Auflagen verbunden wurden, waren sie laut dem Wiener Hochschullehrer Ulrich Brand »Teil der harten neoliberal-kapitalistischen Realität«, was ihn ein vernichtendes Urteil fällen ließ: »Es ist die altbekannte Strategie, insbesondere der großen Unternehmen und deren Kooperation mit dem Staat, dass Gewinne privatisiert und Verluste sozialisiert werden.«[51] Brand erkennt allerdings an, dass der Staat trotz seiner Verquickung mit den Konzernen angesichts des Problemdrucks in bestimmten Situationen auch Rücksicht auf soziale Belange nehmen muss und dann selbst gegen mächtige Wirtschaftsinteressen handeln kann.

Schon bevor sich die medizinischen, wirtschaftlichen und sozialen Konsequenzen der Covid-19-Pandemie genau absehen ließen, war bereits klar, dass sie den deutschen Wohlfahrtsstaat auf die härteste Bewährungsprobe seit der Vereinigung, vielleicht seit dem Zweiten Weltkrieg stellen würde. Ohne den relativ frühen Lockdown wäre die Zahl der schwer Erkrankten noch höher ausgefallen und das Gesundheitssystem der Bundesrepublik ebenso wie das anderer Länder in Kürze überfordert gewesen. Damit bestätigte sich, was den politisch Verantwortlichen schon zu Beginn jener Reformen, die sie im Zuge der rot-grünen »Agenda 2010« kurz nach der Jahrtausendwende umgesetzt haben,[52] bewusst war oder hätte bewusst sein können: Ein teilprivatisiertes, gewinnorientiertes Sozial- und Gesundheitssystem garantiert keine gute medizinische Behandlung der Kranken und in Krisensituationen wie einer Pandemie auch keine Versorgungssicherheit für die gesamte Bevölkerung.

---

51 Ulrich Brand, Auf dem Weg in einen Corona-Kapitalismus?, Begreifen und Initiativen setzen – eine Einleitung inmitten der Krise, in: ders., Post-Wachstum und Gegen-Hegemonie. Klimastreiks und Alternativen zur imperialen Lebensweise, Hamburg 2020, S. 13

52 Vgl. hierzu: Christoph Butterwegge, Krise und Zukunft des Sozialstaates, 6. Aufl. Wiesbaden 2018, S. 209 ff.

Der Münchner Ökonom und ehemalige Gewerkschaftssekretär Michael Wendl hat darauf hingewiesen, dass der Krankenhaussektor kein »normaler« Markt ist, auf dem sich die Preise nach Angebot und Nachfrage richten. Vielmehr handle es sich um einen politischen Rahmen mit öffentlicher Bedarfsplanung und administrierten Preisen, in dem Kliniken ihre Dienstleistungen zu politisch regulierten Produktionspreisen anböten, die sich aus ihren Kosten und einem Gewinnaufschlag zusammensetzten. Konkurrenz herrsche nur im Hinblick auf eine möglichst rationelle Ablauf- und Arbeitsorganisation, woraus Wettbewerbsvorteile für kapitalistische Unternehmen resultierten, die als Treiber der Kostenentwicklung fungierten, während die öffentlichen Kliniken folgten, um nicht geschlossen oder privatisiert zu werden. »Die leitenden Ärzte können sich mit diesem Prozess gut honoriert arrangieren, die anderen Beschäftigtengruppen sind die großen Verlierer.«[53]

Tatsächlich sind Klinikkonzerne wie Fresenius, Asklepios oder Helios kapitalistische Unternehmen, die sich um eine optimale Verwertung des eingesetzten (Aktien-)Kapitals bemühen und nach maximalen Renditen streben. Sie richten ihr Hauptaugenmerk daher weder auf das Wohl des medizinischen Personals und der Pflegekräfte noch auf das der von diesen behandelten und betreuten Patient(inn)en. Budgets sowie das von der CDU/CSU/FDP-Koalition unter Helmut Kohl eingeführte und von der rot-grünen Koalition unter Gerhard Schröder allgemein verbindlich gemachte Fallpauschalensystem für die Krankenhäuser sind kontraproduktiv im Hinblick auf die Extrembelastung durch eine Pandemie.

Richard Wilkinson und Kate Pickett konstatieren in ihrer international vergleichenden Studie zu den Auswirkungen der Ungleichheit, für die sie allein 168 veröffentlichte Forschungsberichte zur Gesundheit ausgewertet haben, dass große Einkommensunterschiede zu sozialen Funktionsstörungen führen, von denen mehrere Ge-

53 Michael Wendl, Wie kapitalistisch sind Kliniken? – Über Kostendruck, Wettbewerb und politisch administrierte Preise im Krankenhaussektor, in: OXI – Wirtschaft anders denken 6/2020, S. 8

sellschaftsbereiche zugleich betroffen sind. Dies bestätigt sich auch im Hinblick auf die Bewältigung der Coronapandemie durch verschiedene Nationalstaaten mit einem ähnlich hohen Entwicklungs- und Wohlstandsniveau: »Stellt man fest, dass ein Land im Bereich Gesundheit versagt hat, ist es sehr wahrscheinlich, dass in diesem Land auch der Prozentsatz von Gefängnisinsassen und der Anteil von Teenagerschwangerschaften sehr hoch ist, dass eine geringere Lese-Schreib-Kompetenz festzustellen ist, mehr Fettleibigkeit, mehr psychische Probleme usw.«[54]

Markus M. Grabka und Jan Goebel vermuteten, dass die wirtschaftlichen Unterstützungsmaßnahmen des Staates und das Kurzarbeitergeld der Bundesagentur für Arbeit die negativen Auswirkungen auf die Einkommensverteilung der Privathaushalte in Grenzen halten könnten, falls die durch das Coronavirus bedingten Einschränkungen des öffentlichen Lebens nicht zu lange dauerten.[55] Zu berücksichtigen ist dabei allerdings, dass selbst kapitalkräftige, umsatzstarke und profitable Konzerne über das Kurzarbeitergeld von der Bundesagentur für Arbeit alimentiert wurden. So schüttete der Münchner Automobilhersteller BMW im Mai 2020 nicht weniger als 1,64 Milliarden Euro an Dividenden aus. Davon erhielten die Großaktionäre Susanne Klatten und Stefan Quandt, denen fast die Hälfte von BMW gehört, 769 Millionen Euro. Zwar war die Dividendensumme für Deutschlands reichstes Geschwisterpaar zwei Jahre vorher mit einer Milliarde und 126 Millionen Euro noch erheblich höher ausgefallen, aber schwer einsehbar, dass ein vom Staat finanziell unterstützter Konzern seinen Großaktionären mitten in der Coronakrise solche Beträge zukommen ließ. Dänemark und Frankreich machen es den Unternehmen beispielsweise zur Auflage, keine Gewinne auszuschütten.

---

54 Richard Wilkinson / Kate Pickett, Gleichheit ist Glück. Warum gerechte Gesellschaften für alle besser sind, 3. Aufl. Berlin 2010, S. 200

55 Vgl. Markus M. Grabka / Jan Goebel, Realeinkommen steigen, Quote der Niedrigeinkommen sinkt in einzelnen Altersgruppen, in: DIW-Wochenbericht 18 / 2020, S. 323

Die durch das Coronavirus ausgelöste Krise der Gesellschaft verweist nicht zuletzt auf die Krisenhaftigkeit des kapitalistischen Wirtschaftssystems.[56] Ulrich Brand übernimmt von der kanadischen Publizistin Naomi Klein den Begriff »Corona-Kapitalismus«, um damit die »Krisenbearbeitung im Sinne der Wohlhabenden und der naturzerstörerischen Wirtschaftsbranchen« zu charakterisieren: »Durch die neuerlichen Schock-Politiken kommt es wie in früheren Krisen zur dauerhaften Stärkung der ohnehin Mächtigen, die keine Rücksicht auf Gesellschaft und Natur nehmen.«[57] Schon aus diesem Grund darf die Coronakrise nicht losgelöst von den sozioökonomischen Rahmenbedingungen untersucht werden.

Während der Covid-19-Pandemie wurde in Deutschland allerdings auch intensiver als zuvor über Armut und soziale Ungleichheit diskutiert. In unterschiedlichen Medien der Bundesrepublik erschienen Berichte darüber, wie hart das Virus materiell Schlechtergestellte und Mittellose traf, aber auch, warum nicht alle Menschen gleichermaßen betroffen waren.[58] Von einem »Ungleichheitsvirus« (Colin Gordon) kann jedoch ebenso wenig die Rede sein wie von einem sozialen Gleichmacher. Denn weder hat Sars-CoV-2 die Kluft zwischen Arm und Reich verursacht, noch war das Coronavirus für die gesellschaftlichen Rahmenbedingungen verantwortlich, auf die es traf. Unter ihnen ließ Covid-19 die bestehenden Interessengegensätze nur deutlicher hervortreten, während sie der

---

56 Vgl. dazu: Michael Volkmer / Karin Werner (Hg.), Die Corona-Gesellschaft. Analysen zur Lage und Perspektiven für die Zukunft, Bielefeld 2020; Sascha Staničić / René Arnsburg (Hg.), Pandemische Zeiten. Corona, Kapitalismus, Krise und was wir dagegen tun können, Berlin 2020

57 Ulrich Brand, Auf dem Weg in einen Corona-Kapitalismus?, a. a. O., S. 8

58 Vgl. z. B. Marco Fieber, Das Coronavirus trifft in Deutschland vor allem die Armen, in: web.de v. 20.5.2020; Michael Streck, Das Virus ist keineswegs demokratisch. Es macht nicht alle gleich. Es macht genau das Gegenteil, in: stern 23 / 2020, S. 32 ff.; Alexander Marguier, Die große Kluft, in: Cicero 6 / 2020, S. 37 ff.; Maria Fiedler, Vor dem Virus sind nicht alle gleich. Warum trifft Covid-19 so oft Menschen, die ohnehin benachteiligt sind?, in: Der Tagesspiegel v. 19.6.2020

wiederholte Lockdown und die staatlichen Rettungspakete zuspitzten. Nicht das Coronavirus ist unsozial, sondern eine reiche Gesellschaft, die ihre armen Mitglieder zu wenig vor einer Infektion und den wirtschaftlichen Verwerfungen der Pandemie schützt.

Für den Fall, dass Pandemie, Lockdown und coronabedingte Rezession – wie oft prognostiziert – tiefe Spuren im Kollektivgedächtnis hinterlassen, müssten sie eine nachhaltige öffentliche Debatte über die sozioökonomische Ungleichheit und Möglichkeiten ihrer Reduktion auslösen, zumal sich das Problem im Gefolge dieser Ereignisse noch verschärfte. Wenn das Infektions-, Krankheits- und Sterblichkeitsrisiko in und nach der Covid-19-Pandemie nicht mehr »zentral von ökonomischen Ressourcen abhängen« soll, wie Silke van Dyk, Stefanie Graefe und Tine Haubner zu Recht fordern,[59] muss das kapitalistische Wirtschafts- und Gesellschaftssystem grundlegend verändert werden. Andernfalls manifestieren sich die sozioökonomisch bedingten Ungleichheitsstrukturen weiterhin auch im Gesundheitsbereich.

4.3 Bildungsungleichheit, »Bildungsarmut« und Bildungsreichtum

Bildungschancen sind in der Bundesrepublik ebenso ungleich verteilt wie die Infektionsrisiken. In beiden Fällen spielen die Klassenlage bzw. die soziale Herkunft und der familiäre Hintergrund von (Schul-)Kindern eine Hauptrolle. Wie der Bildungsbericht 2020 einräumt, besteht die Gefahr, dass sich die »Schere zwischen sozial benachteiligten und privilegierteren Kindern und Jugendlichen« aufgrund der Covid-19-Pandemie weiter öffnet.[60] Fraglich erscheint je-

59 Siehe Silke van Dyk/Stefanie Graefe/Tine Haubner, Das Überleben der »Anderen«: Alter in der Pandemie, a. a. O., S. 34

60 Siehe Autorengruppe Bildungsberichterstattung, Bildung in Deutschland 2020. Ein indikatorengestützter Bericht mit einer Analyse zu Bildung in einer digitalisierten Welt, Bielefeld 2020, S. 150

doch, ob eine weitere Verschärfung der Bildungsungleichheit durch »professionell ausgewählte und begleitete digitale Lehr-Lern-Gelegenheiten« verhindert werden kann, wie die Autor(inn)en erwarten.

Kita- und Schulschließungen, die in höheren Jahrgangsstufen größtenteils mit einer beschleunigten Digitalisierung des Unterrichts (Homeschooling und E-Learning) einhergingen, haben die Benachteiligung von Kindern aus finanzschwachen Familien im Bildungsbereich verstärkt. Häufig standen ihnen keine geeigneten digitalen Endgeräte (PC, Laptop oder Tablet und Drucker) im Haushalt zur Verfügung, die nötig gewesen wären, um den Kontakt zur Schule zu halten und nicht ins Hintertreffen gegenüber materiell bessergestellten Klassenkamerad(inn)en zu geraten. »Die Corona-bedingte Aussetzung des regulären Unterrichts und der institutionellen Betreuung am Vor- und Nachmittag dürfte die bestehenden Ungleichheiten daher verschärft haben.«[61] Zusätzlich vergrößerten in migrierten Familien die bestehenden Sprachbarrieren das Problem: Sprachen die Eltern (noch) wenig Deutsch, konnten sie auch nicht als »Ersatzlehrer/innen« herhalten.[62] Auf diese Weise wurden Schüler/innen aus materiell und sozial unterprivilegierten Elternhäusern im Extremfall regelrecht abgehängt.

Trotz dieser zusätzlichen Privilegierung der Kinder aus gutsituierten Familien lehnten Jobcenter und manche Sozialgerichte einen pandemiebedingten Mehrbedarf für Kinder aus Hartz IV beziehenden Familien teilweise ab, obwohl diese nur über ein Smartphone und manchmal nicht einmal über einen Internetzugang (WLAN) verfügten.[63] Zwar legte der Bund zusammen mit den Ländern am 15. Mai 2020 ein Sofortprogramm in Höhe von 550 Millionen Euro für den digitalen Unterricht auf. Damit sollten die Bildungseinrichtungen bedürftigen Schüler(inne)n einen Zuschuss von 150

---

61 Jakob Habermann, Ungleichheit im Schatten der Pandemie, a. a. O., S. 60

62 Vgl. Annett Mängel, Corona: Die ignorierten Armen, a. a. O., S. 12

63 Vgl. dazu: Anna Lehmann, Kein Laptop für Adil, in: taz v. 14.4.2020; Christian Parth / Gerhard Voogt, Digitaler Notstand an den Hauptschulen, in: Kölner Stadt-Anzeiger v. 22.4.2020

Euro für die Anschaffung entsprechender Geräte gewähren und professionelle Online-Lehrangebote erstellen. Allerdings reichte der genannte Betrag nicht aus, um damit spürbare Verbesserungen zu erzielen. Bei dem zwei Jahre vorher geschlossenen »DigitalPakt Schule« waren die Vergaberichtlinien derart kompliziert, dass erst ein Bruchteil der bis zum Jahr 2024 bewilligten Gesamtsumme von fünf Milliarden Euro abgerufen wurde. Ein weiteres Problem sozial benachteiligter Familien konnte dadurch ebenfalls nicht gelöst werden: Oft fehlt armen Kindern ein eigenes Zimmer und damit ein ruhiger Arbeitsplatz, der nötig wäre, um ihnen ein konzentriertes Lernen zu ermöglichen.

Die ungleiche Verteilung der Güter, Einkommen und Vermögen bedingt unterschiedliche Zugangsmöglichkeiten im Hinblick auf Bildungs- und Ausbildungseinrichtungen, erst recht dann, wenn diese im Rahmen einer neoliberalen Privatisierungsoffensive von der Markt- bzw. Kaufkraft ihrer »Kunden« abhängig gemacht werden. Hieraus resultiert eine strukturelle Bildungsbenachteiligung der Armen, die an den weiterführenden Schulen und an den Universitäten immer noch deutlich unterrepräsentiert sind. Aladin El-Mafaalani spricht sogar von einer doppelten Benachteiligung aufgrund der sozialen Herkunft: »Kinder aus unteren Schichten haben wesentlich geringere Bildungschancen. Gleichzeitig sind sie im Durchschnitt weniger kompetent in den für Schule wichtigen Bereichen. Sind sie aber genauso kompetent wie Kinder aus privilegierten Familien, haben sie dennoch schlechtere Chancen.«[64]

Ohne die Würdigung der überragenden Bedeutung materieller Güter für die Existenz, das Ansehen und die Wertschätzung eines Menschen in unserer Gesellschaft kann das Problem der Bildungsungleichheit nicht verstanden werden. In einer Marktgesellschaft, wo das Geld so wichtig ist wie noch nie und so ungleich verteilt ist wie noch nie, entscheidet nicht zuletzt das Portemonnaie über

64 Aladin El-Mafaalani, Mythos Bildung. Die ungerechte Gesellschaft, ihr Bildungssystem und seine Zukunft, Köln 2020, S. 76

die Bildungschancen der Menschen. Ob ein Kind nach dem Schulunterricht auf den Bolzplatz oder in die Ballettschule geht, hängt nicht bloß von seinem Geschlecht, sondern auch oder vielleicht sogar noch mehr vom Einkommen und vom sozialen Status seiner Eltern ab. Kinder reicher Eltern sind eindeutig im Vorteil, weshalb man in Abwandlung eines deutschen Sprichwortes sagen kann: Wo eine Villa ist, ist auch ein Weg, sei es zum Abitur, zum Studium und/oder zur beruflichen Karriere.

Gudrun Quenzel und Klaus Hurrelmann halten die Bildung für das mittlerweile vorherrschende Medium zur Produktion und Reproduktion sozialer Ungleichheit: »Zwar spielt die Verfügbarkeit von materiellen Gütern und Geldvermögen auch weiterhin eine zentrale Rolle, aber immaterielle Faktoren wie Wissen, Kommunikations- und Handlungskompetenzen gewinnen in komplexen Gesellschaften ein immer stärkeres Gewicht.«[65] Noch weiter geht Andreas Reckwitz, der eine »überragende Relevanz von Bildung für die soziale Stratifikation« konstatiert.[66] Zu fragen ist daher, ob ein Grund für die sozioökonomische Polarisierung in einer parallel dazu wachsenden Bildungsungleichheit und kulturellen Defiziten der Unterschichtangehörigen liegt, anders gesagt: ob sich die Klassenspaltung der Gesellschaft durch mehr oder eine bessere (Schul-)Bildung für alle überwinden bzw. bewältigen lässt, wie verschiedentlich zu hören ist.

Obwohl es zum Problem der Bildungsungleichheit immer mehr Veröffentlichungen gibt, rücken auch sie eher das Thema »Bildungsarmut« ins Zentrum. Dieser missverständliche und zumindest mehrdeutige Begriff wurde von Jutta Allmendinger, Präsidentin des Wissenschaftszentrums Berlin für Sozialforschung, kurz vor der Jahrtausendwende in die deutsche Fachdebatte eingeführt.[67] Er ver-

65 Gudrun Quenzel / Klaus Hurrelmann, Ursachen und Folgen von Bildungsarmut, in: dies. (Hg.), Handbuch Bildungsarmut, Wiesbaden 2019, S. 3

66 Siehe Andreas Reckwitz, Die Gesellschaft der Singularitäten. Zum Strukturwandel der Moderne, 3. Aufl. Berlin 2017, S. 280

67 Siehe Jutta Allmendinger, Bildungsarmut. Zur Verschränkung von Bildungs- und Sozialpolitik, in: Soziale Welt 1 / 1999, S. 35 ff.

weist zwar auf die soziale Determiniertheit von Bildungsdefiziten und markiert diese auch in einem bestimmten Maß als gesellschaftlich inakzeptabel,[68] trägt aber – vermutlich ungewollt – zur Reduktion des Armutsproblems auf seine kulturelle Dimension bei.

Zwangsläufig entsteht der Eindruck, als könne eine gute Schul- oder Berufsausbildung verhindern, dass Menschen keinen Ausbildungs- bzw. keinen Arbeitsplatz mit guten Verdienstmöglichkeiten erhalten. In der Fachöffentlichkeit wird unter »Bildungsarmut« ein Mangel an (Abschluss-)Zertifikaten oder Kompetenzen verstanden, der absolut und relativ sein kann. Neoliberale griffen den Terminus »Bildungsarmut« dankbar auf und setzten diese mit »Humankapitalschwäche« gleich, in der sie weniger ein soziales als ein Problem für den »Wirtschaftsstandort« sahen.

Zweifellos verhindern Bildungsdefizite vielfach, dass junge Menschen auf einem flexibilisierten Arbeitsmarkt sofort Fuß fassen. Auch führt die Armut von Familien häufig dazu, dass deren Kinder keine weiterführende Schule besuchen oder sie ohne Abschlusszeugnis wieder verlassen. Armut in der Herkunftsfamilie zieht bereits in der Sekundarstufe oftmals Bildungsdefizite der davon betroffenen Kinder nach sich.[69] Der umgekehrte Effekt ist hingegen kaum signifikant: Ein schlechter oder fehlender Schulabschluss verringert zwar die Erwerbschancen und erhöht das Arbeitslosigkeitsrisiko, wirkt sich aber kaum nachteilig auf den Wohlstand einer Person aus, wenn diese vermögend ist oder Kapital besitzt. Armut macht zwar auf die Dauer eher dumm, Dummheit deshalb jedoch noch lange nicht arm.

Obwohl die Kinder aus ökonomisch und sozial benachteiligten Familien zu den größten Bildungsverlierer(inne)n gehören, basiert ihre Armut selten auf falschen oder fehlenden Schulabschlüssen,

---

68 Vgl. Gudrun Quenzel / Klaus Hurrelmann, Ursachen und Folgen von Bildungsarmut, a. a. O., S. 4

69 Vgl. Anne Hacket / Josef Preißler / Wolfgang Ludwig-Mayerhofer, Am unteren Ende der Bildungsgesellschaft, in: Eva Barlösius / Wolfgang Ludwig-Mayerhofer (Hg.), Die Armut der Gesellschaft, Opladen 2001, S. 97 ff.

sind Letztere doch höchstens Auslöser und Verstärker, aber nicht die eigentlichen Verursacher materieller Not. Bildungsdefizite führen allerdings oft zu einer Verfestigung der Armut, weil die Chancen eines Menschen auf dem Arbeitsmarkt und Berufskarrieren heute immer stärker an Kompetenzen gebunden sind, die man an weiterführenden und Hochschulen erwirbt. Armut, die in einer kapitalistischen Wohlstands- und Konsumgesellschaft wie der unseren vornehmlich einen Mangel an Geld, gesichertem Einkommen und Vermögen bedeutet, zieht neben finanziellen Schwierigkeiten (Überschuldung) fast zwangsläufig Unterversorgungsprobleme in fast allen Lebensbereichen der davon Betroffenen nach sich, etwa im Gesundheitsbereich, im Wohnen und Wohnumfeld, im Kultur- und Freizeitbereich sowie auch und gerade im Bildungsbereich.

Selbst die Bildungsexpansion der 1960er- und 1970er-Jahre hat an der sozialen Selektivität des Schulwesens nichts geändert. Gerade in Deutschland entsprechen die Bildungsbiografien weitgehend den Klassenlagen der Individuen, und zwar von der frühen Kindheit bis zum Erwachsenenalter. »Sozial ungleiche Bildungschancen bleiben über alle Etappen im Bildungssystem bestehen, trotz (und zum Teil wegen) der Bildungsexpansion, also der Steigerung der Chancen für alle.«[70] War das Hochschulstudium zuvor beinahe ausschließlich jungen Männern aus dem (Bildungs-) Bürgertum vorbehalten gewesen, so erfolgte nunmehr eine Akademisierung der Gesellschaft. Damit verbundene Differenzierungsprozesse der Sozialstruktur wirkten sich negativ auf die weitere Entwicklung aus: »Die Arbeiterklasse spaltete sich auf und spreizt sich seither weit auseinander: einerseits in die Gewinner, welche die zuvor implementierten Bildungsreformen beherzt nutzten und Aufstiegschancen besonders innerhalb des Öffentlichen Dienstes wahrnahmen; andererseits in die neuen Verlierer, welche an den Bildungsanstrengungen nicht teilnahmen oder daran scheiterten, aufgrund geringer beruflicher Qualifikation jedenfalls zunehmend

70 Aladin El-Mafaalani, Mythos Bildung, a. a. O., S. 125

weniger gebraucht wurden.«[71] Nicht bloß hinsichtlich der Stellung im Arbeits- bzw. Produktionsprozess, sondern auch in Bezug auf die gesellschaftliche Positionierung einer Person gewann der Bildungsgrad an Bedeutung, wenngleich der Kapitalbesitz entscheidend und die Klassenspaltung erhalten blieb.

Durch den »PISA-Schock« erfuhr die Bildung kurz nach der Jahrtausendwende unter dem wachsenden Einfluss des Neoliberalismus eine neuerliche Aufwertung, ohne dass dieser Imagegewinn ihre chronische Unterfinanzierung seitens des Bundes wie der Länder allerdings beendet oder abgemildert hätte. Zugleich wurde das Soziale spürbar ab- bzw. entwertet, galt es doch im Unterschied zur Bildung nicht als Standortvorteil. Armut wurde in der (Medien-)Öffentlichkeit fortan noch häufiger auf die »Bildungsferne« oder einen fehlenden Schulabschluss der von ihr Betroffenen zurückgeführt. Problematisch ist der Begriff »Bildungsarmut« aber nicht bloß, weil er das Armutsproblem auf eine mangelnde Schul- und/oder Ausbildung verkürzt, d.h. eine wichtige, aber eben nicht ausschlaggebende Lebenslagendimension verabsolutiert. Einkommens- bzw. finanzschwachen Familien wird auf diese Weise das sie sozial ausgrenzende und stigmatisierende Etikett angeheftet, »bildungsfern« bzw. ungebildet zu sein.

Damit vertauscht man Ursache und Wirkung, denn Armut zieht in einer zunehmend ökonomischen Imperativen gehorchenden, marktförmig bzw. kapitalistisch organisierten Gesellschaft fast zwangsläufig mangelnde bzw. mangelhafte Bildung nach sich, während eine gute (Aus-)Bildung heutzutage keineswegs mehr die Gewähr dafür bietet, außerhalb des breiten Niedriglohnsektors zu arbeiten. Höherqualifizierte verdienen zwar in der Regel mehr und sind auch seltener arbeitslos als Geringqualifizierte. Zwischen dem Bildungsgrad und dem sozioökonomischen Status einer Person besteht jedoch kein unmittelbarer Zusammenhang: Man kann geist-

71 Matthias Micus/Franz Walter, Vom Ende, und wie es dazu kam. Die SPD als Volkspartei, in: Elmar Wiesendahl (Hg.), Parteien und soziale Ungleichheit, Wiesbaden 2017, S. 66

reich und doch bettelarm, aber ebenso gut strohdumm und steinreich sein. Bildung ist also weder ein Patentrezept gegen Armut noch eine Grundvoraussetzung zur Vermögensbildung in großem Stil, denn Firmengründer und -erben benötigen nicht einmal höhere Bildungsabschlüsse für die Mehrung ihres Reichtums. Dies gilt übrigens selbst für Bill Gates, Studienabbrecher und lange Zeit reichster Mann der Welt.

Umgekehrt lässt sich das geläufige Vorurteil, die Einkommensarmen seien ungebildet, empirisch widerlegen, denn 56 Prozent von ihnen weisen ein mittleres und weitere 17,1 Prozent sogar ein hohes Qualifikationsniveau auf, was laut Ulrich Schneider bedeutet: »Bei fast drei Viertel der Armen dürfte das Bildungsniveau nicht die Ursache für die prekäre Einkommenssituation darstellen.«[72]

Das hierzulande bestehende Bildungssystem reproduziert schon aufgrund seiner Mehrgliedrigkeit die Klassenstruktur des Gegenwartskapitalismus. Die abgestuften Bildungschancen von Kindern unterschiedlicher sozialer Herkunft werden durch eine rein formale Gleichbehandlung sozial Ungleicher legitimiert und perpetuiert.[73] Weil die (Schul-)Bildung jedoch nicht als Menschenrecht, sondern in der neoliberalen Standortlogik bloß noch als Erzeugung von Humankapital gilt, dessen Existenz über die Konkurrenzfähigkeit des »eigenen« Wirtschaftsstandortes auf den Weltmärkten entscheidet, ignoriert man geflissentlich strukturelle Barrieren, die Klassenschranken für Arbeiterkinder und den Nachwuchs aus Familien mit Migrationshintergrund entsprechen. »Das Modell der ›Meritokratie‹ übersieht, dass nach der Senkung materieller und institutioneller Zugangsschranken immer noch mächtige Mechanismen wirksam sind, die die Kinder nach ihrer Herkunft in das dreistufige

72 Ulrich Schneider, Wer sind die Armen? – Von falschen Bildern und neuen Daten, in: Soziale Sicherheit 12/2018, S. 450

73 Vgl. Heike Solga, Meritokratie – die moderne Legitimation ungleicher Bildungschancen, in: Peter A. Berger/Heike Kahlert (Hg.), Institutionalisierte Ungleichheiten. Wie das Bildungswesen Chancen blockiert, 3. Aufl. Weinheim/Basel 2013, S. 29

Bildungs- und Berufssystem lenken.«[74] Vereinzelte Bildungsaufsteiger/innen aus unteren Schichten stellen die soziale Selektivität des Schulwesens nicht in Frage, sondern legitimieren es durch ihren Erfolg, den sie überwiegend der eigenen Leistung oder herausragenden individuellen Fähigkeiten zuschreiben.[75]

Bildung wird hinsichtlich ihrer Fähigkeiten, Ungleichheit zu begrenzen, maßlos überschätzt. Denn sie ist kein Wundermittel, um die materielle Unterprivilegierung (der Kinder) bestimmter Bevölkerungsschichten auszugleichen. Wären alle Kinder und Jugendlichen, nicht bloß die mit einem familiären Migrationshintergrund, besser gebildet, was ihnen sehr zu wünschen ist, würden sie womöglich nur auf einem höheren geistigen Niveau um die immer noch zu wenigen Arbeits- bzw. Ausbildungsplätze konkurrieren. Dann gäbe es zwar am Ende mehr Taxifahrer mit Hochschulabschluss und mehr Haushaltshilfen mit Abitur, aber weiterhin Armut und sozioökonomische Ungleichheit.

Folgt man Aladin El-Mafaalani, ist Bildung »ein nicht zufriedenstellend bestimmbarer Begriff, der immer dann ins Spiel gebracht wird, wenn man nicht mehr weiterweiß.«[76] Zu vermuten ist, dass Bildung nicht zuletzt deshalb im Zentrum des neueren Ungleichheits- und Armutsdiskurses der Bundesrepublik stand, weil sie für das deutsche Kleinbürgertum seit jeher die einzige Möglichkeit bietet, sich nach unten abzugrenzen. Bildung fungiert nämlich als probates Mittel der Distinktion gegenüber Angehörigen subalterner Klassen und Schichten. Der Wirtschaftsjournalist und Publizist Daniel Goffart sieht im »Absonderungsprozess« unterschiedlicher Bevölkerungsgruppen, welcher schon im frühen Kindesalter beginne, denn auch ein Indiz für die Erosion der Gesellschaft: »Die explo-

---

74 Michael Vester, Die selektive Bildungsexpansion. Die ständische Regulierung der Bildungschancen in Deutschland, in: ebd., S. 40

75 Vgl. Aladin El-Mafaalani, BildungsaufsteigerInnen aus benachteiligten Milieus. Habitustransformation und soziale Mobilität bei Einheimischen und Türkeistämmigen, Wiesbaden 2012, S. 313 ff.

76 Siehe ders., Mythos Bildung, a. a. O., S. 54

sionsartige Zunahme privater Kitas, privater Schulen und privater Universitäten entwertet nicht nur den seit Jahrzehnten chronisch unterfinanzierten öffentlichen Bildungsbereich; sie führt im weiteren Lebensverlauf auch zur Herausbildung abgeschirmter Zirkel und Gesellschaftskreise, in denen die Elite und ihre Zöglinge weitgehend unter sich bleiben können.«[77]

Je mehr die Bildung selbst im »Land der Dichter und Denker« marktförmig organisiert, zu einer Handelsware herabgewürdigt und zu einem weichen Standortfaktor erklärt wird, umso stärker reproduziert das Schulwesen sozioökonomische Ungleichheit und die Klassenspaltung der Gesellschaft. Ein wachsender Anteil der Kinder und Jugendlichen besucht keine öffentlichen, sondern Privatschulen. In der Abkehr eher privilegierter Bevölkerungsgruppen vom öffentlichen Schulwesen drückt sich die Neigung zur sozialen Segregation (Bildung von Parallelgesellschaften durch Wohlhabende, Reiche und Hyperreiche) aus, die auch im Bereich des Wohnens und des Wohnumfeldes sichtbar wird.

4.4 Wohnungleichheit in einem sozialräumlich gespaltenen Land

Wenn sich eine Gesellschaft stärker in Arm und Reich spaltet, gehört ihr sozialräumlicher Zerfall zu den alarmierendsten Folgen, denn gravierende materielle Ungleichheit spiegelt sich auch in der Raum-, Stadt- und Regionalstruktur wider. Durch die Bundesrepublik verläuft ein deutlicher Riss, der sie in wohlhabende und abgehängte Regionen, Kommunen und Stadtviertel teilt. Zu beobachten ist außerdem, was man eine sozioökonomische Sezessionsbewegung nennen kann: Während die Einkommensschwachen, Geringverdiener/innen und Transferleistungsbezieher/innen in die Hoch-

77 Daniel Goffart, Das Ende der Mittelschicht. Abschied von einem deutschen Erfolgsmodell, München 2019, S. 14

hausviertel am Rand der Großstädte abgedrängt werden, weichen die materiell Bessergestellten in gute und separate Wohnviertel bis hin zu Gated Communitys aus. Sie ziehen sich aus freien Stücken in eine Parallelwelt zurück, die Privilegierten vorbehalten bleibt, und der eine ganz andere Welt gegenübersteht, die nicht selbstgewählt ist und der Unterprivilegierte nur schwer entfliehen können.

Von der »Herstellung gleichwertiger Lebensverhältnisse«, die Art. 72 Abs. 2 *Grundgesetz* fordert, kann selbst mehr als drei Jahrzehnte nach der Vereinigung von BRD und DDR keine Rede sein. Ein sozialräumlicher Ausgleich, wie ihn dieser »politische Leitbegriff« vorsieht, der laut Jens Kersten, Claudia Neu und Berthold Vogel ein »Verfassungsauftrag für öffentliches Handeln« ist, hat bisher nicht stattgefunden: »Daseinsvorsorge und Infrastrukturen stehen nicht überall in angemessenem Umfang zur Verfügung, um die gesellschaftliche Teilhabe aller Bürgerinnen und Bürger zu gewährleisten. Dies gilt nicht nur für den ländlichen Raum, sondern auch für viele großstädtische Quartiere, die unter Segregation leiden.«[78] In einem sozioökonomisch polarisierten und sozialstrukturell fragmentierten Land wie der Bundesrepublik häufen sich zwangsläufig die regionalen Disparitäten. Ost- und Westdeutschland, Süd- und Norddeutschland sowie Stadt und Land driften seit geraumer Zeit in einer für die Wohlstandsentwicklung und die Demokratie gefährlichen Weise auseinander.

Deutlich wie nie zuvor schlägt sich die Klassen- bzw. Schichtstruktur heute im Stadtbild der Bundesrepublik nieder, wenn auch von lokalen Traditionen und kulturellen Besonderheiten gebrochen und durch weitere Einflussfaktoren modifiziert. Jederzeit spürbar ist die sozialräumliche Ungleichheit in den prosperierenden Großstädten und Metropolregionen der Bundesrepublik. Der Erfurter Hochschullehrer Marcel Helbig und die WZB-Mitarbeiterin Stefanie Jähnen untersuchten die Entwicklung der sozialen Segregation

78 Jens Kersten / Claudia Neu / Berthold Vogel, Gleichwertige Lebensverhältnisse – für eine Politik des Zusammenhalts, in: Aus Politik und Zeitgeschichte. Beilage zur Wochenzeitung *Das Parlament* 46 / 2019, S. 4

in deutschen Städten und stellten dabei fest, dass sich diese zuletzt erheblich verstärkt hat. »Ähnlich wie in den USA ist die soziale Spaltung der Städte bei Kindern bzw. Familien mit Kindern stärker ausgeprägt als bei der Gesamtbevölkerung.«[79] Besonders ungleich verteilten sich die in Haushalten mit SGB-II-Bezug aufwachsenden Kinder. Quartiere, in denen über 50 Prozent aller Kinder von Sozialgeld lebten, fanden Helbig und Jähnen in 36 Städten.

Da die Einkommens- und erst recht die Vermögensverteilung viel ungleicher ist als die Verteilung der Miethöhen, finden Personen, Familien und Haushalte mit geringem Einkommen oft keine für sie bezahlbaren Wohnungen, weder auf dem »freien Markt« noch im Sozialwohnungssektor, wie der Berliner Gesellschaftswissenschaftler Peter Lohauß erklärt. »Deshalb verschärft der Wohnungsmarkt schon durch seine Preisstruktur die Einkommensungleichheit.«[80] Über die Lage, Größe und Ausstattung der Wohnung bzw. des Eigenheims entscheidet die finanzielle Leistungsfähigkeit, was dazu führt, dass die Spaltung der urbanen Quartierswelt voranschreitet.

Seit geraumer Zeit wird die Arbeitskraft prekär Beschäftigter für die Unternehmer immer billiger, Grund und Boden, aber auch Wohnraum für die Normalverdiener/innen und Niedriglöhner/innen hingegen immer teurer. Während die Reallöhne mehr als ein Jahrzehnt lang stagnierten und ausgerechnet im unteren Bereich sogar sanken, stiegen die Immobilienpreise und die Mieten – jedenfalls in den Ballungsgebieten, bevorzugten Stadtlagen und Boomtowns der Bundesrepublik überdurchschnittlich stark. Längst müssen manche Haushalte fast die Hälfte ihres Einkommens für Mietzahlungen aufwenden, was ihnen nur einen geringen Spielraum

79 Marcel Helbig / Stefanie Jähnen, Wie brüchig ist die soziale Architektur unserer Städte? – Trends und Analysen der Segregation in 74 deutschen Städten, Discussion Paper P 2018–001 Wissenschaftszentrum Berlin für Sozialforschung (2018), S. I

80 Peter Lohauß, Zur sozialen Polarisierung der Wohnungsmärkte in Deutschland im Kontext europäischen und globalen Wirtschaftswachstums, in: Armin Hentschel / Peter Lohauß, Wohnungsmärkte und Wohnungspolitik. Beiträge zur Kritik des Immobiliensektors, Marburg 2019, S. 310

für Anschaffungen und andere notwendige Ausgaben lässt. Besserverdienende waren die Gewinner der geschilderten Entwicklung, wohingegen die steigenden Mieten insbesondere Geringverdier/innen belasteten, die auch häufiger den Wohnort wechseln (müssen), weshalb sie Mietsteigerungen, die bei Neuvermietung am höchsten sind, besonders hart trafen.[81]

Aufgrund der Privatisierung und Finanzialisierung des Bodens wie der Immobilien hat die Belastung der meisten Haushalte durch die Wohnungsmiete seit der Jahrtausendwende erheblich zugenommen. Mieter/innen wurden gewissermaßen enteignet, weil sie in dieser Phase extrem niedriger Hypothekenzinsen keine adäquaten Einkommenszuwächse verzeichneten. »Wenn Miet- und Bodenpreise (trotz billigen Geldes) steigen, wird das Einkommen lohnabhängiger Mieterinnen und Mieter in Kapital- und Bodenvermögen transferiert. Das heißt, dass sich die Enteignung der Mieter insofern verschärft, als eine Umverteilung von unten nach oben stattfindet.«[82] Zwischen den Arbeitsmärkten einerseits sowie den Boden-, Immobilien- und Wohnungsmärkten andererseits besteht ein antagonistischer Widerspruch, der sich innerhalb des kapitalistischen Wirtschaftssystems nicht auflösen lässt. Was den Ersteren nützt (niedrige Löhne), schadet den Letzteren – und vice versa. Zuletzt verfestigte sich dieses Paradox, wie es der Zürcher Architekt und Stadtplaner Ernst Hubeli nennt: »Der Immobilienmarkt profitiert vom knappen Wohnungsangebot, das Boden- wie Mietpreise hochtreibt und einen Nachfrageschock auslöst, während der Arbeitsmarkt vermeiden will, gestiegene Mietkosten mit höheren Löhnen abzufedern.«[83] Betrachtet man die Hauptakteure auf beiden Märkten, sind es heute oft dieselben: Finanzinvestoren, Kapitalorganisatoren und Spekulanten.

---

81 Vgl. ebd., S. 311

82 Ernst Hubeli, Die neue Krise der Städte. Zur Wohnungsfrage im 21. Jahrhundert, Zürich 2020, S. 100

83 Ebd., S. 14

Gated Communitys etablieren sich mittlerweile auch in Deutschland. Sie bilden eine geschlossene Gesellschaft und fungieren als exklusive Stadt in der Stadt, zu welcher – geht es nach ihren Bewohner(inne)n – nicht jeder Mitbürger uneingeschränkten Zugang hat. Dort verschanzen sich Reiche, die sich von privaten Sicherheitsdiensten beschützen und ihre Stadtresidenzen von Videokameras überwachen lassen, hinter möglichst hohen Mauern. Aber auch die Errichtung kommerzieller Zentren nach dem Muster der US-amerikanischen Shopping Malls verändert die Großstädte. Kommunen, die überschuldet und deshalb auf private Investoren angewiesen sind, überlassen organisierten Geschäftsinteressen die Kontrolle über den öffentlichen Raum, was zwei problematische Konsequenzen hat: »Einerseits wird dadurch die demokratische Kontrolle städtischen Handelns ausgehebelt. Andererseits und wohl noch wichtiger, droht die demokratische Öffentlichkeit der Bühne beraubt zu werden, die sie zum Ausdruck ihrer politischen Anliegen dringend benötigt.«[84]

Vor allem wirtschaftlich erfolgreiche Großstädte avancieren zu Schauplätzen der sozialen Gegensätze, aber auch zu Austragungsorten gesellschaftlicher Konflikte, etwa im Hinblick auf die Modalitäten des urbanen Zusammenlebens. »Ungleichheiten der Klassenlage und Einkommen, des Geschlechts, der Lebensstile und Lebensphasen manifestieren sich in den Sozialräumen der Städte, ihrer Ausstattung mit Infrastruktur und Wohnraum, der Zugänglichkeit und Nutzbarkeit ihrer öffentlichen Plätze.«[85] Der öffentliche Stadtraum wurde zuletzt immer häufiger privatisiert, Immobilienfonds oder

---

84 Friedrich Lenger, Die europäischen Großstädte seit 1850. Hauptlinien der Entwicklung aus wirtschafts- und sozialhistorischer Sicht, in: Bernhard Emunds / Claudia Czingon / Michael Wolff (Hg.), Stadtluft macht reich / arm. Stadtentwicklung, soziale Ungleichheit und Raumgerechtigkeit, Marburg 2018, S. 54 f.

85 Martin Kronauer / Walter Siebel, Einleitung: Die Aktualität der Polarisierungsthese für die Stadtforschung, in: dies. (Hg.), Polarisierte Städte. Soziale Ungleichheit als Herausforderung für die Stadtpolitik, Frankfurt am Main / New York 2013, S. 9

Finanzinvestoren übereignet und dem freien Zugang durch die Bevölkerungsmehrheit entzogen.

Typisch dafür war ein Konflikt um die öffentliche Nutzung des Gereonshofes, eines zentralen Platzes im noblen Kölner Gerling-Quartier. Während die Stadtverwaltung trotz anderslautender Vorgaben der Kommunalpolitiker/innen nur einen schmalen Zugangskorridor für Passant(inn)en im Grundbuch hatte verankern lassen, nahm die Lokalpresse nach langem Schweigen gegenüber solchen Fehlentwicklungen deutlich Partei für die Allgemeinheit und verteidigte mittels ihrer Berichterstattung über den Skandal das uneingeschränkte Nutzungsrecht.[86] Die nötige Medienbeachtung fand auch eine Kundgebung, mit der Angehörige der Stadtgesellschaft wenig später vor Ort gegen die Privatisierung des öffentlichen Raums protestierten, nachdem die Verwaltung der Großstadt am Rhein eine Demonstration mit Hinweis auf die Eigentumsverhältnisse abgelehnt hatte.[87]

Eine damit vergleichbare Selbstghettoisierung von Wohlhabenden aus der Mittelschicht erzeugt die Gentrifizierung, bei der ein Wohnquartier zuerst von jungen Kreativen besiedelt, sodann mittels teurer Modernisierungsmaßnahmen sein Mietniveau angehoben und schließlich die alteingesessene Bevölkerung gegen materiell Bessergestellte ausgetauscht wird. Diese gezielte Verdrängung bzw. Vertreibung einkommensschwacher Bewohner/innen aus ihren

86 Vgl. Raphael Markert, Geschlossene Gesellschaft am Gereonshof. Private Eigentümer des zentralen Platzes wollen keine Passanten dulden – Politik fordert Aufklärung, in: Kölner Stadt-Anzeiger v. 9.6.2020; ders., Empörung über »privaten« Gereonshof. Grundbuch und Bebauungsplan widersprechen sich offenbar – Stadt will mit Eigentümern verhandeln, in: Kölner Stadt-Anzeiger v. 10.6.2020; ders., Dezernentin öffnet den Platz für alle. Laut Andrea Blome gilt das Begehungsrecht für die gesamte Fläche des privaten Gereonshofes, in: Kölner Stadt-Anzeiger v. 13./14.6.2020; ders., Reker: Einigung mit Eigentümer erzielt. OB sagt, dass der Gereonshof künftig vollumfänglich genutzt werden kann, in: Kölner Stadt-Anzeiger v. 15.6.2020

87 Vgl. Dirk Riße, »Hier darf keiner sitzen, der kein Geld hat«. Dutzende Menschen protestieren gegen Privatisierung von öffentlichem Raum, in: Kölner Stadt-Anzeiger v. 22.6.2020

Stadtvierteln in Randlagen oder Umlandgemeinden kann als eine typische Form des Klassenkampfes von oben gelten. In der Fachliteratur ergänzen sich laut Sebastian Schipper angebots- und nachfrageorientierte Erklärungsansätze dafür. »Demnach korrespondieren ökonomische Aufwertungsstrategien und Verwertungsinteressen des Immobilienkapitals einerseits mit sich verändernden urbanen Lebensstilen und Nachfragemustern von Haushalten der Mittel- und Oberschichten andererseits, mit dem Effekt, dass sich beide Prozesse gegenseitig verstärken.«[88]

In den wirtschaftlich erfolgreichen Ballungszentren greifen vermehrt Wohnungsnot und Mietwucher um sich, weshalb es zumindest in den meisten Groß- und Universitätsstädten selbst Normalverdiener(inne)n schwerfällt, eine bezahlbare Wohnung zu finden. Verschärft wird das Problem durch die äußerst niedrige Wohneigentumsquote der Bundesrepublik. Mit einem Anteil von 43,9 Prozent am Gesamtwohnungsbestand, den die Großstädte und vor allem Berlin sogar noch unterbieten, ist das private Wohneigentum hierzulande weniger verbreitet als in den meisten anderen EU-Staaten.[89]

Dass die Wohneigentumsquote in der Bundesrepublik so niedrig ist wie in keinem anderen Land der Eurozone, hängt mit der extrem starken Vermögenskonzentration zusammen. In den Städten der Bundesrepublik wohnen die allermeisten Menschen zur Miete, weil die Immobilien entweder wohlhabenden Privatleuten oder großen Wohnungsunternehmen gehören, denen es häufig in erster Linie um eine hohe Rendite geht. Der Frankfurter Ökonom Leo Kaas hat zusammen mit anderen Wissenschaftlern nachgewiesen,

88 Sebastian Schipper, Zur politischen Ökonomie der Gentrifizierung. Warum kommt es zu Verdrängungsprozessen und wie lassen sich diese verhindern?, in: Bernhard Emunds / Claudia Czingon / Michael Wolff (Hg.), Stadtluft macht reich / arm, a. a. O., S. 63

89 Vgl. European Central Bank, The Household Finance and Consumption Survey – Wave 2017. Statistical Tables, Frankfurt am Main, März 2020, S. 1 (Table A1)

dass ein negativer Zusammenhang zwischen der Wohneigentumsquote und der Vermögensungleichheit besteht, die zu etwa gleichen Teilen durch zwei Faktoren determiniert sei: durch die Differenz der Durchschnittsvermögen von Wohneigentümern und Mieter(inne)n sowie die Vermögensungleichheit innerhalb der Gruppe von Wohneigentümern.[90] Da der Immobilien- neben dem Aktienbesitz im vergangenen Jahrzehnt den größten Wertzuwachs aufwies, hat sich die Ungleichheit bei Einkommen und Vermögen zwischen den Eigentümern von zwei oder mehr (Miet-)Wohnungen und den zahlreichen Mieter(inne)n, die deutlich höhere Belastungen verkraften müssen, weiter verschärft.

Hendrik Lebuhn, Andrej Holm, Stephan Junker und Kevin Neitzel haben für die Hans-Böckler-Stiftung auf der Grundlage von Mikrozensusdaten die Wohnverhältnisse in den 77 deutschen Großstädten untersucht und dabei vor allem die Situation verschiedener Einkommensgruppen berücksichtigt. Wie sich herausstellte, lebten Haushalte mit geringen Einkommen nicht bloß auf kleinerer Fläche pro Mitglied und in Wohnungen schlechterer Qualität, sondern hatten auch eine deutlich höhere Mietbelastung zu tragen: »Einkommensungleichheiten werden so in den Wohnverhältnissen nicht nur reproduziert, sondern sogar noch verstärkt.«[91] Die das Wohnen als einen zentralen Indikator der sozialen Lage und als einen Gradmesser der Ungleichheit begreifenden Verfasser der Studie sprechen von einer »gravierende(n) Polarisierung der Mietbelastungsquoten«, weil die zehn Prozent der Haushalte mit der günstigsten Mietkostenbelastung nur 13,6 Prozent ihres Haushaltsnettoeinkommens für die Bruttokaltmiete ausgaben, während es bei den zehn Prozent mit den höchsten Mietbelastungen über

90 Vgl. L. Kaas u. a., Warum ist das Wohneigentum in Deutschland so gering?, in: Makronom, 11.11.2019, S. 3f.

91 Henrik Lebuhn u. a., Wohnverhältnisse in Deutschland – eine Analyse der sozialen Lage in 77 Großstädten. Bericht aus dem Forschungsprojekt »Sozialer Wohnversorgungsbedarf«, Berlin/Düsseldorf, September 2017 (Hans-Böckler-Stiftung), S. 80

47,8 Prozent des Einkommens waren.[92] Die Mietkostenbelastung dieser Gruppe betrug das Dreieinhalbfache der Haushalte mit der günstigsten Mietbelastung.

Längst ist die Miet- und Wohnungsfrage zu einem hervorstechenden sozialen Problem der Bundesrepublik avanciert, was die Covid-19-Pandemie noch deutlicher gemacht hat. Denn in einer Villa mit parkähnlichem Garten ließ sich jeder Lockdown sehr viel leichter ertragen und aus Elternperspektive die Rückkehr zum Regelbetrieb der Schulen und Kindertagesstätten viel entspannter abwarten, als dies einer wohnraumarmen Familie in zwei Zimmern am Stadtrand oder in einer Notunterkunft möglich war. Es würde daher auch kaum verwundern, wenn häusliche Gewalt und sexueller Kindesmissbrauch während eines Lockdowns zugenommen hätten, was aufgrund der hohen Dunkelziffer gerade zu einer Zeit, in der Betreuungseinrichtungen, Kontaktstellen und Beratungsbüros vielfach geschlossen waren, allerdings schwer feststellbar ist.

Räumungsklagen und Zwangsräumungen, von denen besonders überschuldete Transferleistungsempfänger/innen betroffen waren, häuften sich in den vergangenen Jahren. Sie wurden während der Covid-19-Pandemie zwar ausgesetzt, Mieterhöhungen blieben aber erlaubt. Nach einem deutlichen Rückgang während der 1990er-Jahre gab es 2018 laut Schätzungen der Bundesarbeitsgemeinschaft Wohnungslosenhilfe in Deutschland auch wieder 678.000 Wohnungslose, darunter 441.000 anerkannte Flüchtlinge; 41.000 Menschen, darunter in manchen Großstädten fast die Hälfte osteuropäische EU-Bürger/innen, lebten dem Dachverband der Wohnungslosenhilfe zufolge auf der Straße.[93]

Auch unter den einheimischen Betroffenen befinden sich immer weniger Berber oder Trebegänger, wie die »klassischen« Obdachlosen genannt wurden. Stattdessen teilen immer mehr gestrandete

92 Siehe ebd., S. 78

93 Vgl. BAG Wohnungslosenhilfe: Wohnungslosigkeit: Kein Ende in Sicht. Pressemitteilung der Bundesarbeitsgemeinschaft Wohnungslosenhilfe v. 11.11.2019, S. 1f.

Arbeitsmigrant(inn)en und Geflüchtete das Schicksal, ungeschützt der Witterung ausgesetzt zu sein. Auch steigt die Anzahl derjenigen Mittelschichtangehörigen, Freiberufler/innen, (Solo-)Selbstständigen und gescheiterten Existenzgründer/innen, die »in der Gosse« landen. Eine überraschende Betriebsschließung, die Entlassung aus dem Arbeitsverhältnis sowie Beziehungskrisen, Ehekonflikte und Suchterkrankungen sind zwar Auslöser, aber nicht Ursachen der Wohnungs- bzw. Obdachlosigkeit, die in den bestehenden Gesellschaftsstrukturen, den herrschenden Eigentumsverhältnissen und sozioökonomischen Krisenerscheinungen gesucht werden müssen.

Bei den Obdachlosen handelt es sich um die kapitalschwächsten und »marktfernsten« Gesellschaftsmitglieder, denen im Zeichen der neoliberalen Globalisierung bzw. Modernisierung nur sehr geringe Ressourcen und nur äußerst wenige, meist kommunale oder karitative Unterstützungsmaßnahmen zur Verfügung stehen. Auf der Straße lebende Menschen, Angehörige der Drogenszene und Bettler/innen litten unter der Covid-19-Pandemie, dem wiederholten Lockdown und der anschließenden Rezession ganz besonders stark. Sie konnten weder den Ratschlag »Bleibt zuhause!« befolgen noch den ökonomischen Auswirkungen entkommen. Teilweise wurde eine Schließung von Notunterkünften mit Mehrbettzimmern, Nachtasylen und Wärmestuben verfügt, ein Aufnahmestopp für stationäre Einrichtungen der Wohnungslosenhilfe verhängt oder die Arbeit der Beratungsstellen auf telefonische Kontakte reduziert.

Während der pandemischen Ausnahmesituation hat sich in aller Klarheit gezeigt, dass die öffentliche Daseinsvorsorge und nichtkommerzielle Dienstleistungen, eine gute soziale, Bildungs- und Betreuungsinfrastruktur sowie ein funktionierendes Gesundheitssystem, aber auch ein der unternehmerischen Profitgier und der privaten Willkür entzogenes Wohnungswesen nötig sind, wenn alle Gesellschaftsmitglieder vergleichbare Lebenschancen haben und den bestmöglichen Schutz vor (Infektions-)Krankheiten genießen sollen. Andreas Reckwitz kritisiert die Vernachlässigung, Vermarktlichung und »Privatisierung der gesellschaftlichen Infrastruktur im weiten Sinne«, durch die keine gleiche Zugänglichkeit für alle Bevölkerungsgruppen mehr gegeben sei, ebenfalls und gelangt folgerichtig zu der Feststellung: »Privater Konsum kann die Notwendigkeit öffentlicher Infrastruktur nicht ersetzen, denn im Zweifelsfall sind es die Wohlhabenden und Gebildeten, die deren Fehlen privat auszugleichen vermögen (privater Sicherheitsdienst, ausgewählte Schulen, private Gesundheitsversorgung), während alle anderen auf die Infrastruktur umso dringender angewiesen sind.«[94]

Während am Ausbau der digitalen Infrastruktur nach den positiven Erfahrungen vieler Unternehmen mit Homeoffice, Online-Workshops und Videokonferenzen im Lockdown verstärkt gearbeitet werden dürfte, ist die Lobby für den Ausbau der sozialen, Bildungs- und Betreuungsinfrastruktur sowie die Erweiterung der öffentlichen Dienstleistungen im Pflegebereich und im Gesundheitswesen politisch weniger einflussreich. Dabei wäre es erforderlich, die seit den 1990er-Jahren aufgerissene Beschäftigungslücke in der »providentiellen Fundamentalökonomie« baldmöglichst zu schließen, damit auch hierzulande wieder eine gute Versorgung mit öffentlichen, sozialen und gemeinwohlorientierten Dienstleistungen gewährleistet werden kann.[95]

94 Andreas Reckwitz, Das Ende der Illusionen. Politik, Ökonomie und Kultur in der Spätmoderne, 4. Aufl. Berlin 2020, S. 297

95 Vgl. Cornelia Heintze / Rainold Ötsch / Axel Troost, Die Beschäftigungslücke in der sozialen Infrastruktur. Ungedeckte Bedarfe für eine gute Versorgung mit öffentlichen und gemeinwohlorientierten Dienstleistungen in Deutschland, Berlin 2020 (Studie 2 / 2020 der Rosa-Luxemburg-Stiftung); ergänzend: Foundational Economy Collective, Die Ökonomie des Alltagslebens. Für eine neue Infrastrukturpolitik, Berlin 2019

Literaturauswahl

Einführungs-, Grundlagen- und Überblicksliteratur

Burzan, Nicole: Soziale Ungleichheit. Eine Einführung in die zentralen Theorien, 4. Aufl. Wiesbaden 2011

Kreckel, Reinhard: Politische Soziologie der sozialen Ungleichheit, 3. Aufl. Frankfurt am Main / New York 2004

Krüger, Stephan: Soziale Ungleichheit. Private Vermögensbildung, sozialstaatliche Umverteilung und Klassenstruktur, Hamburg 2017

Müller, Hans-Peter / Schmid, Michael (Hg.): Hauptwerke der Ungleichheitsforschung, Wiesbaden 2003

Piketty, Thomas: Ökonomie der Ungleichheit. Eine Einführung, 2. Aufl. München 2016

Schwinn, Thomas: Soziale Ungleichheit, Bielefeld 2007

Solga, Heike / Powell, Justin / Berger, Peter A. (Hg.): Soziale Ungleichheit. Klassische Texte zur Sozialstrukturanalyse, Frankfurt am Main / New York 2009

Ungleichheit in Deutschland

Butterwegge, Christoph: Die zerrissene Republik. Wirtschaftliche, soziale und politische Ungleichheit in Deutschland, 2. Aufl. Weinheim / Basel 2020

Fratzscher, Marcel: Verteilungskampf. Warum Deutschland immer ungleicher wird, München 2016

Gajek, Eva Maria / Lorke, Christoph (Hg.): Soziale Ungleichheit im Visier. Wahrnehmung und Deutung von Armut und Reichtum seit 1945, Frankfurt am Main / New York 2016

Hagelüken, Alexander: Das gespaltene Land. Wie Ungleichheit unsere Gesellschaft zerstört – und was die Politik ändern muss, München 2017

Hirschel, Dierk: Das Gift der Ungleichheit. Wie wir die Gesellschaft vor einem sozial und ökologisch zerstörerischen Kapitalismus schützen können, Bonn 2020

Hradil, Stefan: Soziale Ungleichheit in Deutschland, 8. Aufl. Opladen 2001

Rehbein, Boike (u. a.): Reproduktion sozialer Ungleichheit in Deutschland, Köln 2015

Wehler, Hans-Ulrich: Die neue Umverteilung. Soziale Ungleichheit in Deutschland, 4. Aufl. München 2013

Geschichte, Entstehungsursachen und Erscheinungsformen der Ungleichheit

Berger, Peter A. / Schmidt, Volker H. (Hg.): Welche Gleichheit, welche Ungleichheit? – Grundlagen der Ungleichheitsforschung, Wiesbaden 2004

Bude, Heinz / Staab, Philipp (Hg.): Kapitalismus und Ungleichheit. Die neuen Verwerfungen, Frankfurt am Main / New York 2016

Butterwegge, Carolin / Butterwegge, Christoph: Kinder der Ungleichheit. Wie sich die Gesellschaft ihrer Zukunft beraubt, Frankfurt am Main / New York 2021

Elsässer, Lea: Wessen Stimme zählt? – Soziale und politische Ungleichheit in Deutschland, Frankfurt am Main / New York 2018

Kaelble, Hartmut: Mehr Reichtum, mehr Armut. Soziale Ungleichheit in Europa vom 20. Jahrhundert bis zur Gegenwart, Frankfurt am Main / New York 2017

Schäfer, Armin: Der Verlust politischer Gleichheit. Warum die sinkende Wahlbeteiligung der Demokratie schadet, Frankfurt am Main / New York 2015

Scheidel, Walter: Nach dem Krieg sind alle gleich. Eine Geschichte der Ungleichheit, Darmstadt 2018

Schulz, Günther (Hg.): Arm und Reich. Zur gesellschaftlichen und wirtschaftlichen Ungleichheit in der Geschichte, Stuttgart 2015

Stiglitz, Joseph E.: Reich und Arm. Die wachsende Ungleichheit in unserer Gesellschaft, München 2015

Stötzel, Regina (Hg.): Ungleichheit als Projekt. Globalisierung – Standort – Neoliberalismus, Marburg 1998

Gesundheitliche, Bildungs- und Wohnungleichheit

Becker, Rolf / Lauterbach, Wolfgang (Hg.): Bildung als Privileg. Erklärungen und Befunde zu den Ursachen der Bildungsungleichheiten, 4. Aufl. Wiesbaden 2010

Berger, Peter A. / Kahlert, Heike (Hg.): Institutionalisierte Ungleichheiten. Wie das Bildungswesen Chancen blockiert, 3. Aufl. Weinheim / Basel 2013

Berger, Peter A. (u. a., Hg.): Urbane Ungleichheiten. Neue Entwicklungen zwischen Zentrum und Peripherie, Wiesbaden 2014

Brake, Anna / Buchner, Peter: Bildung und soziale Ungleichheit. Eine Einführung, Stuttgart 2012

Emunds, Bernhard / Czingon, Claudia / Wolff, Michael (Hg.): Stadtluft macht reich/arm. Stadtentwicklung, soziale Ungleichheit und Raumgerechtigkeit, Marburg 2018

Friedrichs, Jürgen / Triemer, Sascha: Gespaltene Städte. Soziale und ethnische Segregation in deutschen Großstädten, 2. Aufl. Wiesbaden 2009

Georg, Werner (Hg.): Soziale Ungleichheit im Bildungssystem. Eine empirisch-theoretische Bestandsaufnahme, Konstanz 2006

Hadjar, Andreas: Meritokratie als Legitimationsprinzip. Die Entwicklung der Akzeptanz sozialer Ungleichheit im Zuge der Bildungsexpansion, Wiesbaden 2008

Harth, Annette / Scheller, Gitta / Tessin, Wulf (Hg.): Stadt und soziale Ungleichheit, Opladen 2000

Helmert, Uwe (u. a., Hg.): Müssen Arme früher sterben? – Soziale Ungleichheit und Gesundheit in Deutschland, Weinheim / München 2000

Jürgens, Eiko / Miller, Susanne (Hg.): Ungleichheit in der Gesellschaft und Ungleichheit in der Schule. Eine interdisziplinäre Sicht auf Inklusions- und Exklusionsprozesse, Weinheim / Basel 2013

Kronauer, Martin / Siebel, Walter (Hg.): Polarisierte Städte. Soziale Ungleichheit als Herausforderung für die Stadtpolitik, Frankfurt am Main / New York 2013

Mielck, Andreas: Soziale Ungleichheit und Gesundheit. Empirische Ergebnisse, Erklärungsansätze, Interventionsmöglichkeiten, Bern 2000

Richter, Matthias / Hurrelmann, Klaus (Hg.): Gesundheitliche Ungleichheit. Grundlagen, Probleme, Perspektiven, 2. Aufl. Wiesbaden 2009

Sozialstruktur- und Klassenanalyse

Bischoff, Joachim / Herkommer, Sebastian / Hüning, Hasko: Unsere Klassengesellschaft. Verdeckte und offene Strukturen sozialer Ungleichheit, Hamburg 2002

Bischoff, Joachim / Krüger, Stephan / Lieber, Christoph: Die Anatomie und Zukunft der bürgerlichen Gesellschaft. Wertschöpfung, Mystifizierung und die Klassenverhältnisse im modernen Kapitalismus, Hamburg 2018

Bischoff, Joachim / Müller, Bernhard: Berliner Republik: eine Klassengesellschaft. Soziale Spaltungen, Wut auf das Establishment und rechte Ressentiments, Hamburg 2019

Erlinghagen, Marcel / Hank, Karsten: Neue Sozialstrukturanalyse. Ein Kompass für Studienanfänger, München 2013

Geißler, Rainer: Die Sozialstruktur Deutschlands. Zur gesellschaftlichen Entwicklung mit einer Bilanz zur Vereinigung, 7. Aufl. Wiesbaden 2014

Groß, Martin: Klassen, Schichten, Mobilität. Eine Einführung, 2. Aufl. Wiesbaden 2015

Hradil, Stefan: Die Sozialstruktur Deutschlands im internationalen Vergleich, Wiesbaden 2004

Huinink, Johannes / Schröder, Torsten: Sozialstruktur Deutschlands, 3. Aufl. München 2019

Klein, Thomas: Sozialstrukturanalyse. Eine Einführung, 2. Aufl. Weinheim / Basel 2016

Rössel, Jörg: Sozialstrukturanalyse. Eine kompakte Einführung, Wiesbaden 2009

Rügemer, Werner: Die Kapitalisten des 21. Jahrhunderts. Gemeinverständlicher Abriss zum Aufstieg der neuen Finanzakteure, 3. Aufl. Köln 2021

Ungleichheit international, europäisch und global

Alvaredo, Facundo (u. a., Hg.): Die weltweite Ungleichheit. Der World Inequality Report 2018, München 2018

Bayer, Michael (u. a., Hg.): Transnationale Ungleichheitsforschung. Eine neue Herausforderung für die Soziologie, Frankfurt am Main / New York 2008

Beck, Ulrich / Poferl, Angelika (Hg.): Große Armut, großer Reichtum. Zur Transnationalisierung sozialer Ungleichheit, Frankfurt am Main 2010

Berger, Peter A. / Weiß, Anja (Hg.): Transnationalisierung sozialer Ungleichheit, Wiesbaden 2008

Bourguignon, François: Die Globalisierung der Ungleichheit, Hamburg 2013

Fischer, Karin / Grandner, Margarete (Hg.): Globale Ungleichheit. Über Zusammenhänge von Kolonialismus, Arbeitsverhältnissen und Naturverbrauch, Wien 2019

Flassbeck, Heiner / Steinhardt, Paul: Gescheiterte Globalisierung. Ungleichheit, Geld und die Renaissance des Staates, 2. Aufl. Berlin 2018

Heidenreich, Martin (Hg.): Die Europäisierung sozialer Ungleichheit. Zur transnationalen Klassen- und Sozialstrukturanalyse, Frankfurt am Main / New York 2006

Milanović, Branko: Die ungleiche Welt. Migration, das Eine Prozent und die Zukunft der Mittelschicht, Berlin 2016

Piketty, Thomas: Das Kapital im 21. Jahrhundert, 6. Aufl. München 2015

Piketty, Thomas: Kapital und Ideologie, München 2020

Steuerwald, Christian: Die Sozialstruktur Deutschlands im internationalen Vergleich, 3. Aufl. Wiesbaden 2016

Weiß, Anja: Soziologie globaler Ungleichheiten, Berlin 2017